認知症ガーデン

上野冨紗子&まちにて冒険隊

新曜社

もくじ

あおむし と 二丁拳銃(けんじゅう)…1
好き か 嫌いか…8
街 と「特別区」…24
見ること と 見られること…30
繭(まゆ) と ウルトラマン…37
乳房 と「父の名」…44
家 と 繭(まゆ)…53
「特別区」と 繭(まゆ)…72
治(なお)る と 戻(もど)る そして 変わる…84
しばる と 解(と)きはなつ…101
共同作戦 と 庭…113
おわりに そして はじまりに…118

あおむし と 二丁拳銃

「見てごらん。きれいだよ …」
　低い静かな声が後ろの座席から聞こえた。
　信号が変わるのを待っていた運転者はちょっと驚いて、信号から眼を離してバックミラーにちらりと眼をやり、後ろの座席で窓の外を見ている秋山宏夫さんのソフト帽の下の横顔を確認した。
　中町通りの両側の街路樹に、クリスマス用のイルミネーションがチカチカと瞬(またた)いている。秋山さんはそれをじっと見ている。言葉は秋山さんの口から発せられたものに違いなかった。
　秋山さんが …？　後ろの席で、クリスマスのミラクルが起きている。信号は青に変わったが、眼の中が涙でいっぱいになり、発車するのにちょっと困ったと運転者から後で聞かされた。
　秋山さんがうちのデイに初めてきたのは、2年前の11月だった。散歩の途中、キーのついたまま駐車してあった道端のトラックに飛び乗り、蒲田(かまた)まで行ってしまったという武勇伝の持ち主で、もちろん危険極(きわ)まりない困った事件には違いないが、そこで軽い接触事故を起こして保護されるまで、50キロメートルも無事故で運転したと聞かされて、なにより驚いた。運転の技術というのは、忘れないものなのだ。
「一日中、ただ歩き回って出口のカギをガチャガチャといじって

いるだけなので、デイサービスではこれ以上は無理ですね」と、いくつかのデイサービスから断られて、うちにやってきた。できれば、認知症専門のデイサービスでなく、普通のデイサービスに行かせたいという、奥様の希望もあってのことだった。

　秋山さんは、あまり背は高くない。おしゃれなソフト帽をとると、くりくり坊主頭で、少し前かがみで無表情にせかせか歩く姿は、初めて会った人にはちょっと怖いおじさんと思われるかもしれない。

　うちのデイの建物は古い日本建築で、まわり廊下の縁側の角のところに段をつけて出入り口にしてある。到着するなり、他の利用者とスタッフが歓談している居間を一べつもせずに通り過ぎ、居間に続くいろりの部屋の、いろりを囲むロの字型のテーブルの横に立つと、秋山さんはズボンのポケットから右手の「指ピストル」を抜いて、初対面の私に無表情で突き付けた。

　「あ、銃刀法違反 …」と私が言うと、「許可証持ってるからいいんだよ」と、聞き取れないほど小さな声でつぶやくように言った。

　「そうか！　一本やられた」と本気で感心したが、「それなら、こっちだって …」と、私も右手の「指ピストル」を抜いて彼に向けた。すると、相手は左のピストルも出し、「二丁拳銃(けんじゅう)」とつぶやく。

　「こっちだって」と、私も二丁。今度は相手は両腕で「銃」を抱え、照準器(しょうじゅんき)に目をあて、「マシンガンだ」と言う。「マシンガンには許可証はない … ね」と、あまり確信は持てないまま言ってみると、相手はあっさり観念して腕を下ろし、逮捕された。

　私に左腕を組まれ、抵抗せず居間へ向かった。… が、そのまま、

居間は素通り。まっすぐ廊下の端の出口へ進む。一瞬、「やばい！」と思った。私一人の力で、この人が外へ向かって突進するのを止めることができるのか…？

出入り口の少し手前には小ぶりの四角い木のテーブルがあって、そこでは、到着したばかりの藤田陽子さんが、さっそくいつものように「はらぺこあおむし」のカードの穴にせっせと紐を通していた。

かわいらしいキャラクターのカードと色とりどりの紐が散らかったテーブルのところで秋山さんは立ち止まり、しばらく藤田さんの紐通しを見ていたが、やがて、カードと赤い紐を手に取ると、穴に紐を通し始めた。

藤田さんは一回チラッと見たが、手を休めず何の感情も表さず、黙々と穴に紐を通してはその先を結んでいた。小さな四角いテーブルを挟んで、椅子に座った藤田さんと立ったままの秋山さんは、ただ黙々と穴に紐を通していた。初めて会ったばかりの二人の間には、暗黙のうちに、何か二人だけの了解事項でもあるかのような不思議な一体感が漂っていた。

藤田さんは、ご主人と娘さんに連れられて、その２年前にうちのデイサービスを見学にこられた。二人に挟まれて静かにソファに座っていたが、「ほら、ああやって一緒に体操するのよ」と娘さんに促されても、顔も体もすっぽりと透明なよろいで覆われているかのように、反応はなかった。

その後デイに来ても無表情でただただ歩き回り、カルタにも歌にも興味を示さなかった。というより、人にも物にも興味を持たないようだった。到着するとすぐに、居間の椅子からスックと立ち上が

り、洗面所から「いろりの部屋」の突き当たりまで、まわり廊下の縁側を姿勢よく何往復も歩く。

　あの小さな四角いテーブルは、そんな藤田さんの場所を作ろうと思って、リサイクル屋で見つけてきたものだ。二人用の小さな木のダイニングテーブルで、両側にナプキンやスプーンをしまうための薄い引き出しがあり、その中に「歌うぬり絵の本」と色鉛筆とあおむしのカードをしまった。

　それはエリック・カールという人の「はらぺこあおむし」という絵本のキャラクターが描いてある数枚のカードで、その穴に色とりどりの丸紐(まるひも)を好きなように通して遊ぶものなのだが、それを近くの本屋で見つけたスタッフが、「かわいかったから買っちゃった」と言って、数日前、寄付してくれたものだった。

　他の利用者がゲームをしたり談笑したりしている居間のソファとテーブルから、ほんの70センチくらいしか離れていないのだが、その日到着した藤田さんをそこに案内してみると、なぜかそこに座ってそのまま立ち歩くことがなかった。それで、そこが藤田さんの席になった。

　その席に座って、引き出しからぬり絵の歌の本を出して歌詞の横にまねして字を書くことと、「はらぺこあおむし」のカードに紐(ひも)を通すこと、この二つを、毎日の仕事にしようと藤田さんは決めたようだった。

　それからも皆の輪に入ることは決してなかったが、ほどなくして、居間で笑い声があがるとちょっとそっちを見て一緒に笑い、またすぐに自分の「日課」に戻るという風に日常が変化していった。この

あおむしと二丁拳銃

70センチの距離感が、とても快適な様子だった。藤田さんは笑うんだ、とそのとき初めて知った。
　そしてまた1年ほどたったある日、藤田さんの机の横をいつものように通り過ぎようとしたとき、藤田さんは、「はらぺこあおむし」のカードからふと目をあげ、こちらの顔を見た。にこっと笑って軽く頭を下げると、藤田さんもにっこり笑ってちょっと頭を下げた。
　朝の通学途中で、顔なじみの近所のおばさんとすれ違ったときに交わすような、何気ないごく自然なあいさつだった。何でもないことなのだが、最初ここに来たときの藤田さんを知っている人なら驚いただろう。私も内心驚いていた。
　藤田さんに何か特別な「認知症を改善する脳トレ」をしたわけでもないし、「不安を取り除いてあげるように、やさしく手を握って声かけをし、言うことにひたすら耳を傾ける、『心に寄り添う認知症ケア』」とかを実践したわけでもない。やったことと言えば、思い付きで小さな机を置いたことくらいだった。
　そこに座って、自分の日課を決め、毎日せっせとそれをやっていたのは、藤田さん自身だし、しばらくしたら、居間の皆さんのやっていることに興味を向けたのも、藤田さん自身の選択だった。それもマイペースで、面白いと思えば笑うし、それほどでもなければ聞こえていても知らん顔で、日課に集中する。でも、知り合いがそばを通れば、会釈も忘れない。私たちは、藤田さんと普通に接していただけだったのに。
　その藤田さんのご主人から、ある日電話があった。「実は…」とご主人が口ごもった。

「どうしました？」と少し不安になって尋ねると、「昨日の夜、いつもやっているように掛け布団かけてやったんですけど…、そしたら、ありがとうと言うんです…」と続けた。
　あまりに遠慮がちな小さな声で抑揚(よくよう)のない話し方だったので、それが意味することをすぐには理解できず、ちょっと間があってから、「えっ、ほんとうですか！」と大声を出した。藤田さんが３年ぶりに発した言葉が「ありがとう」だったことも、ご主人がそれを電話で報(しら)せたいほど喜んでいることも、うれしかった。

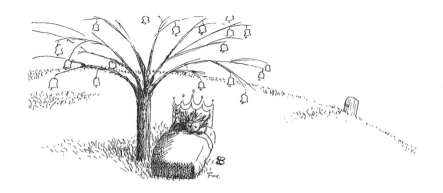

あおむしと二丁拳銃

好き か 嫌いか

　月の終わりに開くいつものミーティングの席上で、
「秋山さんにやめてもらうことはできないんですか？」
と一人のスタッフから発言があった。
　頭がよく、介護も請求事務もそつなくこなす、頼りになる古くからのスタッフである。その彼女の発言に驚いて、「なんで？」と聞くと、
「せっかくの楽しい雰囲気がいつも壊(こわ)されちゃうんですよね。皆さんが和気あいあいとカルタやトランプをやっていると、秋山さんが入ってきてカードをめくってしまったり、前に立ちふさがったり、で、スタッフがその対応に時間を取られていると、盛り上がっていたゲームは中断するし…」
　うちのデイのやり方に賛同して一緒に仕事をしてきて、介護をよく知っているはずのスタッフの発言に、今度は心底驚いて、
「だって、ここはデイサービスなんだからさ、そんなことあって当たり前でしょうよ。秋山さんだって、一緒にカルタに参加しているつもりなのよ」
と言った。
「秋山さんさえよければ、他の浅野さんや関さんたちはどうでもいいってことですか？」

「そんなことは言ってないけど、ここは、デイなんだからね。町の老人会とかならワキアイアイとかフンイキとかが最優先なんでしょうけど、ここは、秋山さんや藤田さんみたいな人も一緒に居心地よく過ごせる場所を作ろうってことで始めたんだしね。それを、雰囲気を壊す人は困りますと言って除外するのは、本末転倒でしょ？『ルールを守って正しくカルタをやる場所を作りましょう』、と言って作ったわけじゃないんだからね。」

元来短気な私は、言えば言うほど、カッカとしてきた。

「浅野さんや関さんが、イヤだと言ったらどう対応するんですか？」

「浅野さんや関さんがイヤだと言ったの？」

「言ってはいませんけど、眉をしかめたり、不愉快な様子は見てわかります。」

「浅野さんや関さんは、イヤだとは言わないと思うよ。80年も90年もしっかりと生きてきた人たちだから、秋山さんがそういう行動をする人だということも、ここがどういう場所かということも、ちゃんとわかっているわよ。あなたが考えている以上にね。またいつものが始まったよ。しょうがないねえ…と、受け入れてくれているんだと思うわよ。」

確かに、「ババ抜き」が始まると、秋山さんはテーブルの前に立ち、裏返しに積んであるカードを一枚めくってしまうので、次の番の人は自分のカードが他の人にばれてしまう。

それは、まあ、眉をひそめたくもなるだろう。お正月、トランプを始めると、幼い弟がよちよちと寄ってきて、わかりもしないのに

カードに手を伸ばしたりして、お姉さんたちと喧嘩(けんか)が始まるという、あの懐(なつ)かしい光景の再現だ。スタッフは、秋山さんのお気に入りの「大工道具入りのカバン」を持ってきて、そちらに興味をそらせるようにしたり、いろいろ工夫がいるのだ。

　浅野さんも、「だめよ！」と本気で怒っている。だが、歌が始まると、秋山さんは、今度は、かつてお座敷遊びで腕をみがいた「小太鼓」をたたいて、絶妙のリズムをとったり、タオルを頭に乗せて美声を張り上げて「函館のひと」を熱唱したりするので、浅野さんも大笑いしながら一緒に歌っている。まあ、きちんとした社交の場とは言いがたいのかもしれないが、こういうのも悪くはない。

　「そのほかの人たちでもいいんですけど、もし、秋山さんがいるからイヤだという人がいたら、どうするんですか？」
と、さらに、彼女は言った。
　「もしもそういう人がいたら、秋山さんたちも一緒に楽しめるような場所を作りたいんだというこっちの趣旨をよく説明して、それでも、そんな人とは一緒に楽しめません、私には合いませんと言うなら、では申し訳ありませんが、ほかのデイをご紹介しましょう。というしかないでしょ。だって、秋山さんは他に行くところはないけど、その人たちは、いくらでも受け入れてくれるところがあるんだもの。」

　「上野さんは藤田さんや秋山さんみたいな人がスキなんですね。」
　彼女のゆっくりとした決めゼリフがいやに皮肉っぽく響いて、「スキとかキライとかっていう問題じゃないでしょ！」と大声でキレた。

…が、キレつつ、「ん？　私、もしかして、藤田さんや秋山さんが好きなの、か…？」と、気持ちはその新しい「表現」の方に動き始めていた。
　後日、この話をしていると、「わたし、藤田さんや秋山さん好きですよ」と、スタッフの内田があっけらかんと言った。
　私にはちょっとした後ろめたさがあって、こういう具合に素直に「好きです」とは言えない。認知症の人と話をしたり遊んだりしているのは、私には非常に「楽」なのだ。
　「人付き合いは疲れるから苦手」な私のような人にとっても、認知症の人との付き合いは苦にならない。それは、もしかすると、世間一般の付き合いというのは、お互いに「見る－見られる」という関係なのに、認知症の人との関係は、「見るけど－見られない」という、変則的な関係だからなのかもしれないと、うすうす思っていたからだった。
　「見る－見られる」という緊張感のある関係が面倒で、「見られなくて」済む楽な関係に、逃げ込んでいるだけなんじゃないか、と秘かに自分を疑っているところがあったのだ。これは、後になって、そんな単純な問題ではないぞということがわかってきたのだが、このときは、そう思った。それで、「認知症の人が好きかもしれない」という考えは、なるべく頭の中から追い払ってきた。
　と、こんなことを思い巡らせていると、「スキとかキライとかっていう問題じゃないでしょ！」という言葉は、今度は、外からこちらへ向かって飛んでくるような気がする。
　それもそうだ。いまや「認知症」は世の人に恐れられる流行りの

「病い」であり、国をあげて対策を講じ、様々な「予防法」や「治療法」がブームにすらなっている。

　認知症の人を抱えた家族にとっては、先の見えない混乱の日々が続いているのも事実だ。「スキだキライだと言っている場合か」と言われれば恐縮するほかないが、反面、認知症の人が「ここ」では「好きとか嫌い」とか言われたり、笑いや感動の涙をさそったりする人であるのに、「そこ」では恐れられる悩みの対象の人であるというのは、一体どういうことなのだろうという問いが頭をもたげてくるのを、抑えることができない。

　「ここ」と「そこ」では、一体何が、違うのだろう…。

　「仕事としてだから、耐えられるのよ」という言葉が返ってきそうだ。これは一面、確かに当たっている。親の介護は、家族関係のやっかいな問題もはらむけれど、仕事としてなら介護できると考えて、私もデイサービスを始めたのだったから、この意見にはまったく同感なのだ。

　家族関係が「やっかい」というと、首をかしげる人もいるかもしれない。家族は一番ほっとする関係であり、かけがえのないものだという意見が多いのかもしれない。確かに多くの人にとってそうなのだろう。だが、だからこそ、「やっかい」なものだとも言える。

　ずっと、親であり子であり、「〇〇ちゃんはこういう子」という親の思い込みや、「お母さんはこうであってほしい」という思いは、長い年月が経っても、いや、経ったからこそ、揺るぎないものになっていて、もしかすると現状を必ずしも反映しない一種の「物語」となってしまっているとも言える。また、それだからこそ、お

互いに大切にしてもいるのだ。
　妻と夫の関係というのも、もう少しそれぞれが大人になってから作られた分、距離は保てているが、やはり、お互いに「夫はこういう人なの」という理想や「妻はこうあってほしい」という願いの積み重ねられ方は同じであって、結婚生活が長ければ長いだけ揺るぎない「物語」が構築されている。仲の良い夫婦は仲の良いなりに、仲の悪い夫婦は仲の悪いなりに、それは揺るぎない「物語」になっていると言える。
　こうして作られた「親子の物語」「夫婦の物語」は、一旦作られてしまうと強固になり、日々の〈成長＝衰え〉や変化に応じて敏感に内容を変えていく、ということは、次第になくなる。
　だからこそ、「家族」という特別の関係はとても安定しており、安心できる場であり、かけがえのないものなのだと言える。子孫を作り、世代をつないでゆくために、「家庭」という一つのシェルターを作るには、このようにして安定性を確保する必要がある。
　家族が認知症になるということは、この、揺るぎない関係を根底から揺るがす、大問題なのだ。今まで何十年も、「○○な人」としてあった人、「○○な人」でなければならないはずの人が、ある日、そうではない誰かになってしまうということ。これは家族にとって受け入れがたい事態なのだ。今まで、形作られていた関係そのものが、否定されてしまうということ。それにもかかわらず、「形」としては前と変わらず一緒に居続けていること。
　何十年もかかって形作り、守ってきたシェルターの一角が溶け出してしまうような事態。多くの場合、家族は、溶け出したその一角

好きか嫌いか

を補修しようとし始める。もと通りの素材で、元のデザインで、なじみ深いあの一角を再現したいと、切に思う。
　その他の人間関係であれば、相手が変わってしまったというようなことがあっても、それに応じて、関係を作り直すということ、あるいは、関係を拒否するということは、もう少し簡単にできるだろう。だが、家族という特殊な関係は、「相手ともう一度関係を作り直す」ということが不可能に見えるほど、「安定し」「かけがえのない」ものだったのだ。
　堅固(けんこ)なシェルターを撤収して、何物にも庇護(ひご)されていない、〈一人と一人〉の裸の関係から始めること。これは、そう簡単なことではない。新しい「物語」を作り始めるなどと悠長なことを言っている間にも、日々の現実は、どんどんと変質し、追い越して行く。
　秋山さんの奥さんは、ご主人の変化を目の当たりにして、「よし、私が最後まで、この人をみよう」と腹をくくったと、話してくれた。
　「なぜかというと」、と奥さんは続けた。
　「私が仕事を定年で辞めたとき、若いころからずっと行きたいと思っていたハワイへの語学留学を実行に移したいと思って、主人に言ったの。そしたら、『行ってこい。後のことは引き受けた』と、何も言わずに、送り出してくれたのよ。うれしかったわぁ！　あの時のことがあるから、この人にどんなことがあっても、そのお返しをしようと思ってね…。」
と穏やかに遠い昔を見るような眼をしながら、語ってくれた。
　秋山さんの家に入ると、しゃれた玄関なのに、何も置いてない。宏夫さんが壊(こわ)したりしてカッとなる事態が生じる前に、壊(こわ)れやすい

置物は、全部背の届かない高い戸棚に避難してあった。食器や刃物などもキッチンの上の方の戸棚にしまってある。ぶつかっても安全なものだけ、手の届くところに置いてある。
　宏夫さんは、ダイニングテーブルの雑誌の上に、予定表とメモ帳を乗せ、置いてあった栓抜きも乗せ、鉛筆とボールペン数本と印鑑ケースをきちんと乗せて、壁際の造りつけの棚に運ぶ。棚の端にそれらを置くと、今度はテーブルの上の新聞をたたんで棚に運び、そこに置く。次に、棚から、さっき運んだメモ帳ほか一式を持ってテーブルに運び、元の場所に置く。続いてたたんだ新聞を持ってテーブルの元の位置に置く。
　これを、日中は何度も繰り返す。自分の仕事と決めているようで、根気よくていねいに、ゆっくりとしたペースで繰り返す。
　宏夫さんには眠剤がまったく効かないらしい。そこで、奥さんは、ご主人に飲ませるのを止め、寝る時間になると自分が飲んで宏夫さんの部屋のベッドに一人でもぐり込んで眠ってしまうのだという。
　一方、眠らない宏夫さんは、隣の奥さんの部屋で、一晩中、タンスやら戸棚やらを全部開けて、中にある奥さんの衣類を引っ張り出して部屋中に散らかすという作業に没頭している。
　朝になると、ぐっすり眠ってさわやかな奥さんは「おはよー」と言って自分の部屋に行き、いつものように散らかしてある色とりどりの衣類を端からサクサクとたたんで、元のように引き出しに入れる。これが、毎朝の日課になっている。「洋服はいくら散らかしたってケガしないから安心」と奥さんは笑った。奥さんの豪快さには頭が下がった。

　秋山さんの奥さんも、宏夫さんの異変に気づいてすぐに、こんな風に対応できたわけではないだろう。この心境に至るまでには、人には言わないけれど、たくさんの苦労があったに違いないとは思う。
　けれど、奥さんのこの気持ちの切り替え方は、とても参考になると思う。いつまでも、昔のダンディーな夫のイメージを追い求めず、やんちゃ坊主になった新しい夫を、そういう一人の人として全面的に受け入れている。
　今の二人にとって一番いい暮らしを作り出している。二人にとって一番気持ちのよい関係のあり方を決めたら、後は、「人間のやることに多少のリスクは当たり前」とおおらかに構えて、ぐっすり眠ること。家族にとってこれが、極意なのかもしれない。

 とはいえ、誰にでもできるわけではない。多くの家族は、これまでの家族のあり方＝家庭の形を守りたいと思う。はっきり、そう考えるわけではないのだが、それ以外の日々の生活というものが思い浮かばないのだろう。
 認知症のご主人が夜眠ってくれなくて、もう疲れてしまったと、相談に来られたご家族がいる。お邪魔してみると、一階に広い居間があって、ガラス戸を開けると庭のテラスへと続き、池には鯉が泳いでいる。ゆったりとしたソファ、そして奥さんの手造りだという陶器が飾ってある。とても居心地のよい趣味のよい居間だと思った。
 「主人が建築家なので、私の希望を全部かなえてくれたんです。ずっと夢見ていた念願のマイホームなの」と奥さんが言った。

おそらくご主人も、ここが気に入っているのだろう。夜になると、このゆったりしたソファで毎晩グーグーと眠ってしまうのだという。「え、夜眠らなくて困ると聞いてたけど…」と一瞬混乱したのだが、続きを聞いて判明した。
　「ここで眠られて、毎晩大変なんですよ」と辛そうに話される。「わたし一人では動かせないから、近所に住んでいる息子がくるのを待って、二人でぐっすり眠っている主人を起こして、寝室まで連れて行くんですけど、それがもう大変な騒ぎで…」とのこと。
　「主人が嫌がって暴れるのを、息子と私で一番奥の寝室までやっとの思いで連れて行くんですけど、寝室に入っても、今度はベッドに入らないで歩き回るし、なんとかベッドで寝てもらおうとやってみるんですけどどうしても寝てくれないんですよ。夜中が過ぎても寝ないから仕方なく眠剤を飲ませるんですけど、ところが、飲んだら飲んだで、遅い時間に飲むものだから今度はそれが朝まで効いちゃってなかなか目を覚まさないんです。ほんとにこの人には困るんです…」と深くため息をついた。
　そういえば、朝、迎えに行ったとき、「なかなか起きてくれないものですから、すみません、まだ食事中です」と言われてしばらく待っていることが多かった。デイに来てからも目を閉じてぼーっとしていて、ふらふらと足元がおぼつかないので、転倒しないよう二人で介助しているが、そのふらつきの原因もそこにあったのだということが、やっと判明した。そういうことなら解決するのも簡単ではないかと思った。
　「あのぉ」とおずおず発言した。

「ここを寝室にすればいいのではないですか？　そのソファで眠れるのでしたら、そのまま布団をかけてあげたらいかがでしょう。そうすれば眠剤も必要ないし、朝もすっきり目覚められるんじゃないのでしょうか。」

自分の名案に少し自信を持って言ってみた。…が、「そんなことはできませんよ」と静かに拒否された。

「それじゃ、私もここで寝なければならなくなるし、ここは、居間なんですから。寝室は奥です。そんなことはできません。」

人様の家の部屋の使い方にそれ以上口を挟むことは、はばかられた。

この話を聞いて、「そりゃ、そうでしょ」と同意する人もたくさんいると思う。「居間で寝られたら、それは、困るわよ。お客様がいらしてもお通しすることもできないし、他の家族も使えなくなってしまうわけだし。ご主人一人のために、他の家族すべてが生活を変えなくちゃいけないというのは、ちょっと、変だと思う」というのも、もっともな意見だ。

他方、「そこを寝室にするだけで済むことなのに、どうしてそうしないのかしら」と、疑問を感じる人もいるだろう。

「夜眠りやすい場所があるのなら、そこで眠るのが一番だし、そうすれば、眠剤など飲まなくていいのだから弊害（へいがい）もなくなるし、なにより奥様が楽になるのだから、寝室と居間を交換するだけで…」という意見。この二つの意見のどちらを支持するかは、おそらく半々くらいだと思う。

どちらがいいとか悪いとかの問題ではない。認知症の家族を介護

するとき、その「つらさ」をどれだけ軽くできるかは、その人その人の、「家族というもの」へのスタンスの取り方、「家庭というもの」について自分の中で創造されたイメージ、それらが、深くかかわっているのではないかという話にすぎない。

　これは、部屋という「もの」の形を変えられるか変えられないかという話だったが、それでも、今までの住み慣れた家の形、夢だったマイホームの形を変えるということには、相当のとまどいと葛藤が生じるらしい。これが「もの」ではなく、「気持ち」だったり「考え方」とか「夫婦の関係性」だったりする場合には、そのとまどいと葛藤はさらに大きくなるのに違いない。

　秋山さんの奥さんは、まったく新たな二人の関係を一から作っていこうという生き方を選んだけれど、夫婦の関係は、百組あれば百通りあるのだから、今まで作り上げてきた夫婦の形というものを揺るがすようなことは我慢できないと、その形を守ろうと悪戦苦闘する人もいる。

　そうしているうちに、やはり、そのやり方では無理だと気づき、徐々に方向転換する人も多い。

　あるいは、今まで守ってきた形以外の家族というものがイメージできずに、無理だとあきらめ、後はプロにお任せするという選択をする人もいる。それも、間違った選択ではない。

　こうした家族の葛藤と比べれば、仕事として認知症の人とかかわる場合は、関係の作り方も作り直し方も、きわめて自由で任意である。関係をやめたければいつだってやめていい。その人との「物語」は、今始まったばかりなので、柔軟にどんな風に展開していっ

ても構わない。そもそも、作り上げられていくのは、「家族の物語」のような特別な「物語」ではない。

　さらに、その人は会った最初からそういう状態の人であり、そういう人として「まっさらな」状態で出会うので、「変わってしまった」という衝撃もとまどいもない。

　秋山宏夫さんは最初に会ったときから、「よく歩き、北島三郎の『函館のひと』が十八番で、ポケットから指ピストルを出すようなお茶目な性格の人であり、お年寄りの女性たちのカルタに入れてもらおうと、ちょっかいを出してみるような、女性が大好きな社交的な人であり、そして、イルミネーションに見とれるロマンティックな人」でもあった。

　藤田陽子さんは、「あまりおしゃべりは好きではなく、大勢の人と一緒に遊ぶのは好まないが、生活態度のしっかりとした几帳面な人であり、人には関心があり、面白いことが好きで大声で笑うおおらかな人だし、人にやさしい気持ちを持っている人」である。私たちは、まず、そういう人としての秋山さん、藤田さんに出会う。そこから、お付き合いを始める。

　「藤田さんとの対応の仕方を教えてください」と若いスタッフに聞かれたことがあった。

　あの、小さな四角いテーブルの椅子に座って、一生懸命藤田さんに話しかけてみたのだが、藤田さんは彼女に何も反応してくれない。もう、何を話せば、何をすれば藤田さんとかかわれるのかわからないのだと言う。『認知症の人の対応マニュアル』みたいなものが、きっとあるに違いないと、彼女は思ったのだった。

「だけど、例えばスタッフの内田さんとかと初めて話すときに、初めてなんで、内田さんの対応の仕方教えてくださいなんて、人に聞いたりしないでしょ？　それとおんなじよ。初めての人と知り合うときって、どんな人なんだろうって、まずお互い思うじゃない？　それから、お互い、少しずつ相手の反応を見ながら、両側から探り合いながら、だんだんにその人のことがわかっていくんでさ、向こうも同じようにあなたのことをどういう人なんだろうって、探っているわけよ。」
　「そうやっているうちに、そのときがくれば、ああ、藤田さんってこういう人なんだ！って、わかることがあるんだと思う。たぶん、そのとき藤田さんの方でも、あなたのこと、ああ、こういう人なんだ！って思ってるわよ、きっと。それに、『あなたと藤田さん』がどういう関係を作っていくかということなんで、それは『内田さんと藤田さん』の関係とは、また違うはずだし、みんなそれぞれ違うんだから。『誰々さんとの人間関係の作り方』なんてレシピはどこにもないのよ。」
　と、…とりあえず答えた。世の中には、『認知症の人との接し方』というような本は結構出ているので、私の説明はちょっと説得力ないかなと感じつつ。
　ここには、「認知症の藤田さん」ではなく、「初対面の藤田さん」しかいない。初対面ゆえの多少のとまどいはあるが、そこから、「普通に」人間関係を作り始めるので、それは、その人それぞれ、すぐに友達になる人もいれば、なかなか、気持ちの通じない人もいる。その人それぞれの個性によって、もちろん、好き嫌いの感情の

対象であったりもする。乱暴な人であれば、怖いという感情を抱かされることだってある。「もうあの人イヤです」となることもある。
　とはいっても、それは、家族の苦悩やとまどいとは程遠い。家族にそれらをもたらしているのは、その認知症の本人ではなく、その人との間に存在した過去の「物語」なのだから…

街 と「特別区」

　ところで、ここでは「普通に」人間関係を作り始める … と書いたが、また外から、「『普通』ではないでしょう！」という声が飛んできそうな気がする。
　そういえば、藤田さんとの関係作りにとまどっていた彼女も、「でも、『普通』の人のようにはいかないんです」と言っていたっけ。
　話しかけても答えてくれないのはまだしも、こちらの聞いていることと関係のない独り言を言うとか、「あなた知らない」と拒否されるとか、さらには、急に怒り出す … というような人は、どう見ても「普通」じゃないのかもしれない。街でこういう人に会ったら、それ以上話しかけるのをやめて、かかわらないように通り過ぎる方が利口かもしれない。そんな人と人間関係を作るのって、「普通とは違うでしょ」といわれるのも、もっともだ。
　こうして見てくると、認知症の人との関係には、どうやら3種類あるらしいと気づいた。
　まず、「家族」としての関係。
　次に、街で出会う「他人」としての関係。
　そして、「ここ」での介護という仕事としての関係。
　私たちは、仕事としての関係にいるので、家族のように苦悩しないし、「かかわらないように通り過ぎる」ということもしない。「普

通」か「普通じゃない」かを問うこともない。まず、なんとかして、目の前にいる『この人』とコミュニケーションをとりたいと考える。そこからしか始まらない仕事だから。

　逆に言うと、なんとかして人とコミュニケーションをとろうとすることが、仕事として評価されるという、非常にラッキーな立場にいるとも言える。だから、喜々として認知症の人との「関係」構築に精を出す。気楽なものだ。

　そして、また、「普通」に関係を作ろうとするところからしか見えてこないこと、というものがあるような気がする。関係作りが「ここ」では当たり前の日常なのに、「そと」では難しいもの、避けたいものとされるならば、それを難しくさせている障害物は一体何なのだろうかと問うこと、それが、ここから可能になるのかもしれない。

　「そと」ではそれが「普通」と思えないのならば、それはなぜなのか …。街で出会った人が、話しかけても答えてくれない・こちらの聞いていることと関係のない独り言を言う・「あなた知らない」と拒否される・急に怒り出す … というような場合は「普通」ではないとされた。

　では、「話しかけても答えてくれない」のはなぜなのか、その理由として思いつくことをあげてみる。

　耳がよく聞こえない。相手の声が小さくて聞き取れない。今、自分の中の一つのことに集中していて問いかけに答えている余裕がない。何のために聞かれているのかわからない。私には関係ないことを聞かれている。言葉の意味が理解できない。等々。

「普通」の人でも、話しかけられたときに答えたくない理由としては、こうしたものが考えられるのではないだろうか。
　それでも、「普通」の人の場合は答える。とすれば、それはなぜか。
　「答えたい」から答えている場合は別として、答えたくなくても、「人から聞かれたら答えなければいけない」とされているから、答えているのかもしれない。世間で「普通」と思われて、世の中で一人前の扱いを受けるためには、こうした振る舞い方をしなければ、あなたは「変な人」と思われますよと、小さいころから教えられてきた、というより、友達と遊んでいるうちに他の子供がやるのを見たり、街で親がそうするのを見ているうちに、自然にまねをしてそうやっていたという方が近いかもしれない。人から変な人と思われたりしないように、答えたくないときでも答える。
　そうだとするなら、逆に、「普通」でない人というのは、「変な人と思われることを気にしない」から、答えたくないときには答えないのだということもできるだろう。要するに、「他人からどう思われるか」ということに執着しない人なのだ。
　街では、つまり、世間では、見知らぬ人々に「まさつ」なく受け入れてもらうための条件として、「他人からどう思われるか」ということが、まず、とても重要なことになる。「普通」か「普通じゃない」かの基準は、「他人からどう思われるかに執着するかしないか」ということだと言えそうだ。
　「こちらの聞いていることと関係のない独り言を言う」とか、「『あなた知らない』と拒否される」とかいう行動が「普通じゃな

い」と判定されるのも、やはり、他人の評価を気にしない行動だからであろう。

　人に何か尋ねられたときに、ちょうど自分の中で真剣に自問自答していることの方が差し迫った重要性を持っていて、「今、人のそんな問いかけにいちいち答えている暇ないんだけど…」と思った経験は誰にもあるだろう。でも、「普通」の人は、そう思っても、それをそのまま口にはしない。相手に変に思われたくないから。「あ、ちょっと、後にして」くらいのことを言って、穏便に済ませようとする。

　「他人からどう思われるか」というのは、赤の他人が行きかう「街」での関係においては、最も重要な判断のポイントなのだ。この基準に合っていない人は、街で出会う関係においては、完全に「普通じゃない」人とみなされてしまうことになる。

　街では、この基準からずれるために「普通じゃない」と判定された人も、「ここ」では、「普通」の人として扱われることになる。

　ならば、ここには、世間一般のその基準が働いていないのかもしれない。ここは街ではないので、つまり、お互いに、相手からどう思われるかということを気づかいつつ形成されている場ではないので、「他人からどう思われるかに執着を持たない」人を、「普通」ではないと判定する仕組みがないのだ。街からやってきたばかりで、街の基準がまだ染みついている若いスタッフの場合には、「普通じゃない」人とのコミュニケーションに悪戦苦闘するということも、たまにはあったりもするが。

　認知症に限って言うならば、「世間一般」からはうまく距離を

とって囲われている「特別区」のようなこの場所、ここで生起している認知症をめぐる様々な事態は、「他人からどう見られるかというハードル」がない分、ことの本質をより明確に示してくれているような気もする。

　藤田さんとの付き合い方マニュアルを求めた若いスタッフは、私の説明にそれほど納得もしないまま、それでも根気よく藤田さんの隣の椅子に座ってはいろいろ試みていた。

　その日、居間で「赤上げて」「白上げて」という号令に合わせて旗を上げる「赤白旗上げゲーム」が始まった。最初の「赤上げないで！」というひねった号令に引っかかって、思わずさっと赤旗を上げてしまった人がいて、その人の「しまった！」という大げさな仕草に居間がドッとわいた。

　藤田さんもそちらを見て大きく笑い、隣の彼女も大きく笑い、二人で顔を見合わせて笑った。

　このことがあってからも、彼女が藤田さんの隣に座っているのをよく見かけたが、別段何か働きかけるという風でもなく、ただ、二人黙って座っているだけだった。それでも二人の後ろ姿には、なんだか、吹っ切れたような、安定した空気がすでに漂っているように感じられた。

　藤田さんも人からどう思われるかを気にせず、一生懸命あおむしカードに紐を通している最中に、若いスタッフからいくら熱心に話しかけられても、特に返事をする気持ちが動かなかったのだろう。だが、旗上げゲームで、居間の皆さんがドッと笑ったとき、藤田さんはその前後の状況をちゃんと耳で把握していて、それが皆さんと

同じに面白かったから大笑いした。
　スタッフも同じ状況を同じように面白いと感じて、大笑いした。お互い顔を見合わせて笑っていたとき、藤田さんとスタッフの間には、「認知症」も「普通」も消し飛んでいる。
　ここには、あるコミュニケーションが成立している。何も言葉がなくても、それは成立している。藤田さんが笑ったのは、ここで笑わないと人からどう思われるかということを気にして笑ったのではない。面白いから笑ったのだ。スタッフもそう。面白いから笑った。同じことを同じように面白いと感じて笑ったその瞬間、二人の間には、コミュニケーションが成立している。
　〈耳で聞いて状況を把握し、その面白さを理解し、笑う〉という一連の行為は、藤田さんもスタッフも、まったく同じなのだ。同じことに関して同じように感じられたということが、お互い同じ「土俵」にいるということを確認させてくれる。
　それは「普通」と呼ばれている人との関係と何も変わらない。若い彼女もその瞬間、このことを理解したのだと思う。それについての報告は別になかったのだが、その後の二人の並んだ後ろ姿を見れば、誰にもそのことが、了解できた。

見ること と 見られること

　人として、一番根幹にある「コミュニケーション」に至ったとき、人は誰でも心揺さぶられる。秋山宏夫さんが、クリスマスのイルミネーションを見て、「見てごらん、きれいだよ」という言葉を口にしたとき運転者が涙したのは、そして、藤田陽子さんがご主人に3年ぶりに「ありがとう」と言ったと、ご主人があれほど深く喜んだのは、この感動だったのだ。
　よくある闘病ドラマのように、「長い長い苦難と熱心な介護の末に、努力の甲斐あってあんなにひどかった認知症の人がこんなにもよくなりました！」というような、お涙頂戴の自己陶酔はそこにはみじんもない。秋山さんと運転者との間に、藤田さんとご主人との間にあったのは、その瞬間「通じた！」という、シンプルできわめて直接的な感動だけなのだ。
　もう届かないのかとあきらめかけていた人との間に、ちゃんと一つの道は途切れず通じていたのだという驚き。「ずっとそこに居たんだね！」という発見。「お互いにね‥‥。」
　こうしてみると、以前私が秘かに反省していたこと、つまり、「他人との『見る－見られる』という緊張感のある関係が、認知症の人との場合は、『見るけど－見られない』という変則的な関係になっていて、私は見られなくて済む「楽な」関係に逃げ込んでいる

だけなんじゃないか」と反省していたこと、これが大きな間違いだったことがわかる。

『見られなくて』済むなどと、ずいぶん認知症の人をみくびっていたものだということになる。こちらが『見ている』のとまったく同じに、認知症の人は私を『見ていた』のだ。

旗上げゲームで、居間の皆さんがドッと笑ったとき、藤田さんもその前後の状況をちゃんと耳で把握していて、それが皆さんと同じに面白かったから大笑いした。こうした情景を見て、私たちはやっと、「わかっていたんだ！」と藤田さんのことを知る。

見ているのだとこちらに感じさせるサインが見つけにくいのは、確かだ。それは、こちらの感じ方が「にぶい」せいなのかもしれない。私たちは、この「にぶさ」を克服しようと、いろいろな角度から、道探しを試みる。そして、ある日、砂山を両側から掘り進んだ二つの手の指先が、中ほどでぴたりと触れ合い、道が開通する。「やったぜ！」

介護というのは、これに尽きる⋯のかもしれない。

ところで、認知症と呼ばれる人も「見ている」のだということが明らかだとすると、以前私が感じていた、「認知症の人は楽だ」という感じ、あれは、一体どこから来たものだったのだろう。「見るけど－見られないから」楽だというわけではなかったということになる。

街の中で、認知症の人は「他人からどう思われるかを気にしない」人だった。とすると、こちらを「見ていない」わけではなく、「見られている」ことも知っているのだが、だからといって、「どう

思われるかは気にしていない」ということなのだろう。
　つまり、相手の「評価」を気にしないということ。相手が、こちらにどう思われるかを気にしていなければ、こちらも、相手にどう思われるかを気にしなくて済むと感じられるのだろう。
　この、相手から「どう見られる」かというときの他者のまなざしを、仮に〈社会的まなざし〉と呼ぶことにすると、認知症の人と私の間には「見る-見られる」という、根本的な〈まなざし〉はあるのだが、〈社会的まなざし〉はないのだと言ってもいいのかもしれない。こうした〈社会的まなざし〉のやりとりがないので、人間関係の緊張は失われ、いわゆる、わずらわしさがなくて「楽」なのかもしれない。
　「人として、一番根幹にある『コミュニケーション』に至ったとき、人は誰でも心揺さぶられる」と書いた。だが、この根底的なコミュニケーションに至る機会というのは、そうめったには訪れない。
　冒険映画やスパイ映画などで、最初のうちはあまりしっくりいってなかった二人が、とんでもない事件に巻き込まれて、死にもの狂いでそれをくぐり抜け、大冒険の末に、最後にはしっかりと抱き合うというようなシチュエーションはよく見たことがある。
　最初のうちは、お互いに〈社会的まなざし〉で見ているわけだが、事件に巻き込まれて、日常はあり得ないような異常な事態をなりふり構わずくぐり抜けるうちに、二人が身にまとっていた様々な社会的な約束事はすっかり吹き飛んでしまい、生きるという一点以外には何物にもとらわれないという状況を経て、「根底的なコミュニケーション」に至り、抱き合ったのに違いない。こういう、映画の

ような状況にでも出くわさない限り、なかなか、そこに至ることは難しい。

　認知症の人と私たちが作る「ここ」という「特別区」では、〈社会的まなざし〉のやりとりが姿を消しているのだとすれば、そこには一時的にせよ社会の約束事が働いておらず、それだからこそ映画のような大冒険を経なくても、意外に「すんなりと」この根底的なコミュニケーションに至ることがあるのだと言えるのかもしれない。

　…　もちろん、そこには、映画のように華々しくはないにせよ、「冒険」はあるのだが。

　ところで、〈社会的まなざし〉のないところでは、本当に〈社会の約束事〉がないと言えるのだろうか。

　もちろん、この「特別区」も社会の中にあるのだから、社会の約束事のうちにあるには違いないのだが、ある囲いの中に限定的に、〈社会のきまり〉がないような虚構の世界を作るということが可能なのだろうか。

　例えば、カルト集団のようなものの内部では、そこにしか通用しない特別な〈きまり〉がある。そこまでいかなくても、結束の固いグループ内には、暗黙のルールがあったりもする。いずれも、自分たちだけが共有する何らかの〈きまり〉は持っているのであり、〈きまり〉そのものがないというわけではない。

　〈きまり〉がないというような状況は、どういうものだろうか？

　「〈まなざし〉を介してのやりとりによって、〈社会の規範〉が各人の中に取り込まれ、自己が成立する」と、社会学では言われているようだ。〈社会の規範〉つまり社会で生きていくのに必要な〈き

まり〉というのが、すべて、人と人が〈まなざし〉をやりとりすることによってのみ得られるものなのだということになる。ここで言う〈まなざし〉は、先ほどの〈社会的まなざし〉のことになるのだろう。

まなざしというのは誰にも親しみのある言葉で、「優しいまなざし」とか、「厳しいまなざし」とかよく使われるし、また、「ガンを飛ばす」とか「上から目線」などというのも「まなざし」について言っている言葉で、実際、日々の暮らしの中で、誰もがいつでも普通に様々なまなざしを感じつつ生きている。

だが、それが、そんなに重要な役割を果たしているものだとはあまり意識してはいない。「人の目を気にしすぎだよ」という言い方をするが、これは、「自分を信じて、他人からどう思われるかにあまり神経質にならない方がいい」、というアドバイスなので、まず「自分」をしっかりと持て、というニュアンスが伝わってくる。

ところが、社会学によると、この「自分」というものが、そもそも、〈まなざし〉を取り込むことによって、初めて成立するものなのだと言われている。

かつて、〈規範〉が「大きな物語」としてあったころには、人々は他者の〈まなざし〉を介して、その〈規範＝きまり〉を内に取り込み、その社会の中で暮らしていくことができた。

王様とか部族長が支配していた時代には、その力に従っていればよかったのだが、その後の時代には、「平等」とか「自由」とかいう、様々な〈理念＝大きな物語〉が支配するようになり、人々は、他者のまなざしを介して、その〈理念＝大きな物語〉を内に取り込

むことによって、自分はどういう人間なのかということや、どう生きるべきかということを、見つけるようになったと、言われている。

　これまでは、そうした確かな手ごたえのあるものがあり、それにちゃんと従ってさえいれば、自信を持って暮らしていられたのだが、今日では、こうした「大きな物語」が姿を消してしまったのだ、という。

　人々は、常に他者の〈まなざし〉を参考にしながら〈きまり〉を手探りしているのだが、確かなものは得られない。そして、その他者もまた、別の他者の〈まなざし〉によって〈きまり〉を確認しようとしているのだが、やはり確かなものは得られない。どこまで行っても、確実な手ごたえが得られないので、常に、まなざしを探り合っているというのが、私たちが置かれている状況らしい。

　自分は一体どういう人間なのか、どう生きればいいのかというこ

とを、いくら探しても確かな基準は見つからず、人々は、〈寄る辺ない〉[1]生き方をせざるを得なくなったのだという。そういう風に生きるのがいいとか悪いとかではなく、現代では、そうする以外に、どう生きればよいのかという指針がないということのようだ。

街の中では、皆がそうやって〈まなざし〉を探り合いながら生きているのが「普通」なので、〈社会的まなざし〉を持たない認知症の人、他人にどう思われるか気にしない認知症の人は、「普通」じゃないとみなされたというわけなのだろうか。

それならば、かつて、一つの「大きな物語」があって、それを内に取り込んで、自分が誰であるかもしっかりと確認できていた時代には、街の中を、他人のまなざしをまったく気にせず歩いていても、「普通ではない」と思われずに済んだのかもしれない。

それに、「人の目を気にしすぎだよ」というあのアドバイスも、いまや、昔話となってしまったということになる。「自分を信じて、他人からどう思われるかにあまり神経質になるな」、「まず自分をしっかり持て」と、悩んでいる若者に言いにくい時代になってしまったのかもしれない。なにしろ、その「自分」というものもまた、そもそも、他人の〈まなざし〉を探りながら、できてくるのだというのだから…。

だが、それなら、まず、「自分」というものが最初に成立するとき、「他者のまなざしを取り込む自分」というのはどのように存在していたというのだろうか。他者のまなざしを参照する前には、「自分」というものは、はたして、なかったのだろうか、という疑問が、当然出てくる。

繭(まゆ) と ウルトラマン

　私事になるが、私は高校1年のときに、学校へ行くのをやめて部屋に閉じこもったことがある。今で言う「不登校」「ひきこもり」の第一号だと思っているが、50数年前の当時には、そういう言葉はまだなかった。
　ずっと優等生を通していた私が、ある日突然おかしくなってしまったので、母は、いとこの児童心理学者に相談しに行き、「統合失調症(とうごうしっちょうしょう)」(当時は「精神分裂病」といわれた)の前段階かもしれないと言われて帰ってきた。あまり干渉すると発症に至るから、そっと見守る方がよいと言われたようだった。
　私は自分が選択した事態だったので、「統合失調症(とうごうしっちょうしょう)」ではないことはわかっていたが、これで、「干渉されない」という保証を手に入れたようなものなので、あえて反論せず、衣食住の心配もなく、居心地よく、2年あまり「繭(まゆ)」の中に閉じこもり続けた。
　8歳年上の姉が親から叱られている姿を、物心ついてから常に眺めていた私は、自分がその姉の立場に立つのは嫌だなと思ったのだろう、親から言われそうなことを先回りして自分からやってしまうようになった。それで、親から叱られたり注意されたということがないまま大きくなった。次女によくあるタイプだ。
　親との相互のやりとりなしで、親から言われたわけでもないのに

自分を律しているうちに、いつの間にか、不自然に固く柔軟性を持たない、よろいのようなものが身についてしまったらしい。

同じことが、小学校へ入ってからも繰り返される。先生に言われなくても、学校の「理念」に合わせた振る舞い方をするようになっていた。「あなたこそ、わが校にふさわしい方です」と、6歳の子にシスターが言った。

さらに、私学の入学前の知能検査というものが、そのころ、初めて行われた。なんだかわからないまま、楽しんで帰ってきたのだが、試験官のおじさんが飛んできて、「大変です。お嬢さんは100パーセントできてしまったので、点数がつけられません。学芸大学に天才児の学級があるので、そこに入れることをお勧めします」と言った。父は一言、「うちの娘はモルモットじゃない」と言って、おじさんを追い返した。「知能」検査といっても、「物知り比べ」のようなもので、6歳までの情報量の「ばらつき具合」がわかる程度のものなのだ。

あのなぞなぞかクイズのようなゲームが何だったのか、誰も説明してくれないので、そのうち忘れてしまっていたのだが、受け入れる側の小学校の先生たちは、知能検査という最新の「科学的」な方法を信じていたようで、最初から特別な眼で私を見ていたらしい。

「あなたの頭には絶対にドッジボールを当ててはいけないと言われたのよ」と、数十年後のクラス会の席で言われた。「そうそう、うっかりぶつけると先生が飛んできて、叱られたわ」と、他の級友がうなずく。

どうやら私は「はれ物に触るような」扱いを受けていたらしい。

そういえば、「夜眠れなくなる」と口にしたら宿題はすべて免除され、「ランドセルが重い」と言ったら教科書もノートも教室の机の中に置きっぱなしでいいとされて、空っぽのランドセルにお弁当だけ入れて通っていたのを思い出した。
　当時の先生たちは、「頭のいい子」は勉強しなくてもいいのだと信じていたのに違いない。
　親からは叱られず、教師からは「教育」されず、こうして私は「飛び切りのいい子」と「飛び切りのIQ」を装備した、言ってみれば向かうところ敵なしのウルトラマンのような子供として10年の学校生活を送った。「誰に言われなくても、絶対に正しいことをすること」、「勉強や努力をしなくても絶対によい点数を取ること」、これが、与えられた使命だった。
　ウルトラマンの分厚い銀ねず色の合成樹脂の皮の下では、みずみずしい感性や本当の「気持ち」といったものはごく小さく圧縮されて、どこかへ格納（かくのう）されてしまった。
　だが、当然このままで済まなくなる時がやってくる。大学受験コースでクラスが分かれるときがきて、自分で進路を選ばなければならない場面で立ち往生する。
　「あなたは、その気になれば、どこにでも入れるけど、その気にならなければ、どこへも入れないわ」と進路指導の担任は言った。
　「その気」と言ったって、自分の「気持ち」というのがどこにも見つからない。そもそも、どれか「一つ」を選ばなければならないことに、承服できなかった。「オールマイティ」でなければウルトラマンの存在意義がない。どれか「一つ」を選ぶなどということは

できない。それで、結局、「どれも選ばない」という選択をした。
　それまで、「学校に行くこと」は当たり前の生き方としてあったのだが、その朝、ベッドから出なかった。
　この、きわめてささいな「おきて破り」が初めの一歩だったが、それは、決定的な一歩でもあった。ここに生じたかすかな隙間は、それまでぴったりと身に帯びていた分厚い皮から、一挙に私の身を引きはがした。ウルトラマンのあの分厚い皮は、一瞬にして姿を消してしまった。それまで十数年私が身に着けていた〈きまり〉そのものが、どこかへ行ってしまったのだ。
　だが、…それでも、「私は変わらず、そこにいた。」布団の中でじっとくるまっているのは、まぎれもない「私」だった。そんな大変なことをやってしまっても、私自身は、頭の中も体も、どこといって何も変わらないような感じだった。
　周りは、「この子は変わってしまった」と大騒ぎしているようだったので、何も変わっていないと思っていたのは、私一人だけだったのかもしれない。
　社会学によれば、「〈きまり〉が内在化されて、〈自己〉もできる」のだったから、〈きまり〉から自由になったら、〈私〉も姿を消してしまうはずだが、そこではそんなことは起きなかった。
　だが、変わったこともある。
　布団の中にいれば、まったく前と変わらぬ私なのだが、つまり、〈私が感じる私〉には何の変わりもないのだが、見知った人々の前で今までの私のように振る舞うことは、もう難しいように思えた。笑顔さえ作れない。まっすぐ歩くことすら緊張する。

そこでは、私は貝殻を失ったヤドカリのような、みじめな姿だった。見知った人々の間での私、つまり〈社会的な私〉は失われてしまったようだった。
　周囲から驚きと困惑と支援と … 様々な反応が寄せられる。今まで親しかった人々などの熱心な働きかけに対して、「閉じこもり初心者」のうちは、まだ自分の選択に自信がなく、「一度はああ思ったけど、少し休んだらやっぱり学校に戻ろうかな」などと迷ったりもする。
　だが、実際に学校に戻ってみると、そこではもう、以前の私のようには振る舞えなくなっていて、自分がすっぽりと納まる場所は、そこにはないのだと感じる。周りの世界は元のようにそこにあるのだが、今までのようにこちらの身にフィットする感じがなく、何か白ちゃけていてよそよそしい。私には関係ないように動いている。私はそこではまったくの傍観者（ぼうかんしゃ）だ。
　だが、先生も友達も、以前の私に対するのとまったく変わらず、やさしく接してくれようとする。が、これが、とてつもなく苦痛なのだ …。あの分厚い皮に保護されていない私は、貝殻を見つけられないヤドカリさながら、周りからの温かな働きかけが、どれも薄皮のない体を触られるような痛みにしか感じられない。それに、もうウルトラマンではない私は、ウルトラマンのようには振る舞えない。振る舞い方がわからない。
　それで、あわててまた、繭（まゆ）の中に舞い戻り、ほっとする。
　これを、2、3回繰り返す。が、結局「もう、いいんだ」と決めて、周りの大騒ぎをよそに少々の後ろめたさは感じつつも、じっくりと

　繭に閉じこもることにする。
　ウルトラマンは、「不登校・ひきこもり」の第一号へと変身した。繭の外は、確かに以前と同じ世界なのに、私との間に薄い膜のようなものがあって、触れることのできない、白ちゃけた、なんか変な世界だった。
　このときに、私が感じた世界に対する感覚はもしかすると、精神疾患の人の感覚とそれほど違いがなかったのかもしれない。
　今まで親しかった世界が、ある日、よそよそしい世界に変貌してしまうという体験は、精神疾患の人が語る体験とよく似ている。だが、私は、確かにそれまでの〈社会的な私〉と言えるような何かを一度失い、見知ったはずの外の世界は白ちゃけていたが、すべてを失ったわけではなかったらしい。
　私は「以前と変わらぬ私」だと感じることができた。白ちゃけてはいたが、外にはこの間までの世界もあり続けているという確信は

あったし、私とその外の世界の両方をばらばらにすることなく支え
ている、共通した地盤のような「何か」は、まだ変わることなく
あった。その変わらぬ地盤に支えられて、いずれ、この裸の表面に
薄い皮さえできてくれば、私は再び社会の中へ入って行くことも不
可能ではないように思えた。

　この、正体不明の「地盤」のような何かが、かろうじて、精神疾
患と私を分けるものだった。

　だが、今考えてみれば、あのとき、〈社会的な私〉を失った後に、
なおまだそこにあった私というのは、一体何だったのだろうと思う。
そして、あのとき、もし閉じこもれる繭(まゆ)がなかったとしたら、私は
どうなっていたのだろうと想像すると、ぞっとする。

乳房と「父の名」

　母親のお腹の中から世の中に出てきたばかりの赤ん坊は、母親の乳房に吸い付いて、温かな甘いお乳に生物的な「欲求」を満たしてもらうだけで、見た目には母親とは別の体を持っているけれど、まだ、母親と混然一体の状態にいて、どこからどこまでが母親で、どこからどこまでが自分なのかもあまり判然としていない。

　やがて、そのときいつも乳房の後ろに「背景」としてくっついていて、こちらを見ている母親の二つの眼を、赤ん坊は温かな甘い乳をごくごくと飲みながら、それとしてしっかり見返すことができるようになる。

　この様子を私たちはよく目にすることがあるのだが、このとき、母親と赤ん坊の間に〈まなざし〉のやりとりが始まるのだと言ってよいと思う。

　ここで、母親と赤ん坊の間には、乳房を介しての〈現実的な〉世界だけではなく、まなざしを介しての〈想像的な〉世界が成り立ち始めている。〈母＝乳房〉という心地よいポイントと、それに吸い付きたわむれることができる〈ここ〉という特権的な居場所とが、〈まなざし〉と〈まなざし〉をやりとりする二つの極として次第に分かれてくる。まだ、言葉はないが、〈まなざし〉と、それが表す意味を受け渡す、初めての他者ができていく。

この関係はどこまで行っても二つの点の間の〈想像的な〉関係で、やがて、この関係に、父親というもう一人の他者が登場してくると、三つの点の間の関係を作ることになり、外の世界も獲得していくことになるのだ、とこれまで考えていた。
　だが、フランスのラカンという精神分析の理論家によれば、赤ん坊と母親の密着した二項の間の〈まなざし〉のやりとりのような〈想像的〉な関係のみを考えるのは誤りで、人生のごく最初の時期にも、子供と母親の間には、すでに三項の関係が作られているのだという。そして、子供が、ここに〈父の名〉を取り込むことによって、〈象徴的な〉世界が確立するのだという。
　〈象徴的な〉世界というのは、「言葉」や〈きまり〉の世界のことのようだ。そして、この取り込みに失敗すると、〈象徴的な〉世界の真ん中に欠如の穴があき、それが精神病を発症する原因になるのだという。赤ん坊と母親の間にすでにあるとされるこの関係を、松本卓也氏は〈原-象徴界〉（げん-しょうちょうかい）と呼んでいる[2]。
　この目には見えない、よくわからないものが、赤ん坊と母親の間に最初からあるかのような言い方には、ちょっと抵抗があったのだが、それが作られていく様子を、ラカンは次のように説明しているらしい。
　母親は常に目の前にいてくれるわけではなく、ときどき姿が見えなくなる。この、〈いる-いない〉という、赤ん坊にとって、とても不思議な繰り返しが、赤ん坊の中に「要求＝愛」を目覚めさせる。乳房に対する直接的な「欲求」とこの「要求＝愛」とは、違うレベルに属している。母親が目の前にいれば赤ん坊の「要求＝愛」は満

たされるのだが、姿が見えなくなるとき、それは満たされないことになる。

〈いる－いない〉の繰り返しというと、「いないいないばー」の遊びを連想させるが、日本人の場合、赤ん坊のときには、誰しもこの遊びを体験したことがあると思う。親になれば、必ず、赤ん坊にやってみるのではないだろうか。

まず両手で顔を隠して「いないいない」と言い、次に両手を開いて「ばー」と、顔を見せる。誰かが面白いと教えたわけでもないのに、赤ん坊はキャッキャッと喜ぶ。「いないいない」の間、赤ん坊は不安そうなまじめな表情で相手を見つめ、何かをじっと待つ。そして「ばー」の瞬間、はじけるように「キャッキャッ」と喜ぶ。

それを何度でも繰り返す。遊びだと教えなくても赤ん坊に伝わる、この不思議な、生まれて最初の遊びは、実は、母親は「〈いる〉と〈いない〉という両方」の可能性を持つものであるということを再現する遊びだったようだ。

赤ん坊にとって、かなり、まじめな意味合いを持つものだから、真剣とも思える態度が見られ、また、顔を見せた瞬間、あれだけ喜んだのだろう。この母親の〈いる〉と〈いない〉の繰り返しによって、赤ん坊は、乳房に欲求を満たされるという、密着した〈現実〉の世界からわずかに引きはがされ、そこに一種の「すきま」が作られるのだと言えるのかもしれない。

この〈現実的な〉世界とは少し違うレベルとして赤ん坊が手に入れた世界のことを、〈原－象徴界〉と呼んでいるらしい。

次に、「母親と赤ん坊とのこの関係に、やがて〈父の名〉が介入

してくる」という。

　「父の姿」あるいは「父のまなざし」と言うなら、私たちにはもう少し理解しやすいのだが、「父の名」というのは、キリスト教のお祈りをしたことがある人は別として、あまり聞きなれない。

　キリスト教の祈りは、必ず、「父と子と聖霊との、御名によりてアーメン」と十字を切ることから始まる。つまり、「父の名による」というのは、その姿は見えないがその名を聞けば、誰もがそれに従わざるを得ないという意味、絶対的な「法」としてそれに従いますという誓いの言葉なのだ。

　西洋人のラカンは「父の名」を取り込むという言い方でそれを表しているが、私たちはもっと一般的に、「母親が従っている〈きまり〉を赤ん坊が取り込む」という言い方でいいと思う。

　この場合、父は姿を現さなくてもよい。というか、むしろ姿を現さない方がいい。それは、現実にはいない人であってもよい。例えば、「ごろごろ様におへそを取られますよ」とか「泣くのをやめないとお山のゴロスケホーホーが来ますよ」とか言うとき、雷の音だったり、夜どこからか聞こえてくるふくろうの鳴き声だったり、やはり、それは、姿を見せない何者とも知れない「音」だから効果的なのだ。

　アテネの神のお告げは、代理人の巫女の口から発せられたし、やんごとない方は御簾の向こうに隠れて指令を出したりする。同じ人間の姿をした人から言われるより、その方が「ありがたみ」が増すのだろう。

　父親も、かつての、威厳のある、めったに家にいない父親の場合

には、母親の言う、「そんなことをすると、お父さんが怒りますよ」という決めぜりふもかなり恐い力を持っていたのだと思う。現代の「父親の名」に、そこまでの効力はないにしても、母親は、赤ん坊の要求にだけ、ずっと応じてくれるわけではなく、姿が見えなくなるときがあるということ。それは、自分のほかに母親を引き付けている「何か」、母親が従っている「何か」があるからに違いない、ということに赤ん坊は気づく。

　母親が、「はい、もうおしまいにしようね」と言ってお乳をしまうとき、赤ん坊は、母親のその行動を決めているきまりを、母親以外のその「何か」が言っているに違いないと思う。母親が感情的に「だめっ！」と言って手を払いのけるのなら、母親自身が嫌がって拒否していると直感的にわかるが、「そんなことをしてはだめですよ」とやさしく「言葉」で教えるとき、それは母親が自分の気持ちで言っているのではなく、誰か他に「だめ」という「言葉」＝〈きまり〉を作っている人がいるのだろうと、赤ん坊は思う。

　「だめ」あるいは単に「めっ」という言葉を、赤ん坊は具体的に何を指す言葉かわからないまま、自分のやりたい気持ちに対する「禁止」の呪文だと覚える。そしてさらに、その呪文を口にする母親もまた、母親自身の欲求から言っているのではなく、誰かが作った「言葉」を使って、この場を仕切っているのだということを、赤ん坊が感知するのだ。

　〈まなざし〉に支えられた、母親との平面的＝〈想像的な〉関係とは別の、もう一つのレベル＝〈象徴的な〉レベルが出来上がるというのは、こういうことらしい。

このように、「だめ」という「言葉」の元には、母親一人の感情を超えた〈しつけ〉という別枠があるのだと感知できれば、その赤ん坊は平面的なレベルと、そしてもう一つのレベル＝〈象徴的なレベル〉とで作る立体的な関係を獲得していると言える。
　母親は赤ん坊の「要求＝愛」の対象であり、その大事な母親と、この〈きまり〉との間に重大な関係がありそうだと感知すると、赤ん坊はその関係を自分の内に取り込み、その〈きまり〉の代表者の位置に自分を置きたいと思う。このことによって、赤ん坊は自分の内側の「主体」になるとされている。
　赤ん坊の内側で、この後、禁止の指令を出すのは、赤ん坊自身になる。この〈きまり〉は、赤ん坊と、「初めての他者」である母親との間で共有される初めての〈きまり〉となる。
　初めての他者＝母親とのこの関係の取り方は、この後、他者との出会いのたびに繰り返されることになる。新たな他者と〈きまり〉との関係を自分のうちに取り込むことにより、他者との関係を作る。成長に伴って他者の範囲は少しずつ広がっていき、やがて自分の所属する社会の持つ〈きまり〉を、その社会の人々と共有することになる。
　社会学のいう、〈社会的まなざし〉のやりとりを介して〈私〉ができるというのは、こういうことだろう。
　社会的な振る舞い方を一時失って閉じこもり続けた私が、2年後に再び色彩のある世界に戻ることが可能だったということは、〈社会的まなざし〉を失い、まなざしを介して社会の〈きまり〉を取り込むことができなくても、それを根底で支えている地盤、つまり赤

ん坊のときに母親との間に作られた、この〈きまり〉を取り込む特別な「レベル」までは、失われていなかったということになるのかもしれない。

　ところで、認知症の人を家族が介護するとき感じられる困難さというのは、その人との間に、長年にわたって築きあげられてきた、揺るぎない特別の「物語」があることから生じていると思っていたのだが、どうも、それだけではなさそうだ。

　「… 待ち望まれた子供は、生まれる前からすでに、家族内の象徴的な物語の中に組み入れられている」と松本卓也氏は書いている。「長年かかって築きあげられた」物語というより、家族は、その最初の時点から、すでにそういう特別な関係なのだということになる。

　家族というのは、その成り立ちからして、単なる身体的な関係で

はなく、想像的・象徴的な関係であるらしい。
　というよりも、ここで成立する想像的・象徴的関係こそが、人間が人間としてある基本的な構造を形作るのであって、家庭とは、単なる、「子孫を作り、世代をつないでゆくためのシェルター」というだけのものではなかったということになる。
　家族というものは、「現実的であると同時に象徴的なもの」であって、その人が、例え、「現実的」には機能が衰え、記憶がなくなり、今までのような人ではなくなっていくとしても、「象徴的」には、そうではない、ということになるのだろう。
　家族にとっては、やはり、母であり父であり、子であり、妻であり夫であるということ。つまり、どんなに、うまく気持ちを切り替えても、仕事の「ここ」で出会うように、ただの「○○さん」として付き合うというわけには決していかないのだということだろう。
　他方、「家族」とは言っても、結婚した配偶者の親の介護ということになると、問題はさらに複雑になる。
　夫の親と妻の関係というのは、ここで言う「想像的・象徴的な関係」というのとは、違うだろう。「家族」とは言いつつも、実質的には、社会的な関係であり、赤の他人なのだ。
　だが、単純にそうは言い切れないところに、複雑さの原因がある。母親と赤ん坊の間にあったような、〈欲求＝愛〉の関係性は、そこには無い。他人だが、他人とは違う感情的な関係性ができている。「長年かかって築きあげられた」物語というのは、むしろ、こちらの方に当てはまることだったのかもしれない。
　さて、ここで、一つ疑問が残る。「大きな物語」がある時代なら、

赤ん坊は、〈父の名〉としてであれ何であれ、「言葉」のレベルを取り込むのと同時に、それにまとわりつく「大きな物語」をも取り込んでいくのだろうが、その、「大きな物語」が姿を消してしまったと言われる時代、赤ん坊は一体何を取り込むのだろう … ということだ。
　ちなみに、私が生まれたころの日本には、「中くらいの物語」はまだあった。長く支配的だった、大日本帝国の「大きな物語」は姿を消したばかりで、かすかに亡霊のように漂っていたが、私の生まれた横須賀では、それにとって代わるものとして、アメリカ産の「自由と民主主義」がピカピカの新しい理念として、進駐してきていた。
　もろ手を挙(あ)げて大歓迎している大人たちが多かったが、その真っ只中にこの世にやってきた私には、進駐軍の家族たちがまき散らす、温情的な「差別意識」も敏感に感じ取れて、素直に、それを取り込んだというわけではなかった。
　が、反発するにせよ、歓迎するにせよ、本物にせよ、偽物にせよ、その当時は、まだ、何か確かなように思わせる対象があったのだ。それに続く時代にも、資本主義の理念や解放の理念は、まだ健在だった。
　今の時代に成長する子供たちは、人生のはじまりの時期に、一体何を〈きまり〉として取り込むのか、あるいは、取り込まないのか、そして、もしひきこもった場合に支えとなる確かな地盤のようなものを、はたして、獲得しているのだろうか、ということは気にかかる。

家と繭
 　ところで、これまで「認知症の人」という言い方をしてきたが、「認知症」という一定の状態はない。
 　「他人からどう思われるか」ということに執着しない人、〈社会的まなざし〉を失って街を歩いている人というイメージで語ってきたが、実は、これは、認知症がかなり深まってからのイメージである。あるいは、こういう言い方が許されるならば、認知症が「落ち着いて」からのイメージである。そこに至るまでのしばらくの間、本人にとって「なんだかわからなくなってしまった」という焦りと模索の時期が続く。家族にしても、「何やってるのっ！」という大声が思わず出てしまうような事態に直面することもある。
 　普通に社会の中で暮らしており、家族との関係にも特に変化はない毎日が続いていたある日、親しい人が小さな変化に気づく。家族よりも、普段付き合っている友人や町内会の仲間などが最初に気づくことが多い。
 　「あのひと最近、ちょっと変じゃない？」と周りの人たちが言い始める。家族が気づくのは、むしろ、遅いのだ。おそらく、その変化が、まず社会的な振る舞い方に現れるからということなのだろう。
 　逆に言うと、家の中で日常的な生活をしているだけなら、特に「変」でもないという日々が続いている。この初期の段階では、家

族も本人も「変だ」という確信はないし、日常生活にも支障がないので、受診せず介護サービスを利用することも少ないのだろう。
　デイサービスで私たちがお会いすることになるのは、もう少し認知症が深まってからという場合が多い。それで、認知症の人と言えば〈社会的まなざし〉を気にせずに行動する人というイメージが強いのだが、そこに至るまでの間には、家の中で少しずつ現れてくる変化に対して、家族も次第に気づき、フォローし、本人も一人で試行錯誤するという時期がある。
　秋山宏夫さんの場合、最初に気づいたのは、町内会の役員の仲間たちだったそうだ。旅行会があったのだが、宏夫さんは、予定日の3日前に待ち合わせ場所に行ってしまい、今日じゃないよと言われ、それを次の日も、また次の日もと3回繰り返した。そして、無事、皆さんと一緒に出かけたのだが、今度は旅行先で荷物が一つ見つからないと言い出し、皆で探したが見つからず大騒ぎになった。結局、その荷物は持って行ってなかったことがわかる。
　町内会の人々は、「秋山さん、ちょっと変だよ」と言い始める。本当に世話好きで周りから慕われていた宏夫さんだったが、そんなことがあったので、「皆さんにご迷惑だから」と、奥さんは町内会の役員を辞退させたのだという。
　それでも、家にいれば特に困ったことも生じず、奥さんも、何も変化は感じず、今までと変わらない、のどかな日々だった。
　次に変化を感じたのは、ときどき、遊びにやってくる息子さんだった。
　「おやじ、変だよ」とお母さんに告げた。「あれだけ運転がうまい

人だったのに、自分のうちのガレージで車こすっちゃったよ」と。そして、「おやじも、『最近なんかヘンなんだよな。よくわからなくなっちゃったな…』ってつぶやいていたよ」と。

　宏夫さんは、退職後、70歳過ぎてギターを始めたらしい。どうしても欲しかったといって、貯金をおろして100万円もするギターを買い、それを抱えて喜々としてギター教室に通い、6曲もマスターしたという。

　家でも、夕食を待ちながら大好きな「湯の町エレジー」を弾くのが楽しみだったようだが、ある夕方、弾き終わったと思ったら、また同じ曲を弾き出したのに奥さんが気づき、聞いていたら、「湯の町エレジー」が5回も6回も繰り返されたので、「あれっ」と思ったそうだ。

　あれだけ楽しみにしていたギター教室だったが、やはり、「ご迷惑をかけたくない」という、奥さんの配慮でやめることになった。

　それからは、ゆっくりと散歩に出かけることが二人の楽しみとなった。坂のある道をずいぶん二人で歩きましたと、奥さんが言っていた。

　最初に変化に気づいたとき、家族は、まず、社会的なお付き合いの場から身を引くようにさせる。

　秋山さんの場合は「人様にご迷惑だから」ということだったが、本人が自分の変化に気づき、友人たちとの付き合いを避けるようになり、外出しなくなる場合もある。社会的な場から撤退し、家の中での家族だけの関係が始まる。

　ある程度の高齢になってからの場合は、妻なり夫なりが対応でき

家と繭

る経済的・時間的余裕があることも多いので、必要なことは家族がカバーしながら比較的平穏な日々が続く。

　もっと若い時期に、こうした変化に直面した場合には、本人と家族が乗り越えなければならない問題は、さらに多くなる。

　いずれも、家族の苦労は確かにあるのだが、ある時点までは、ちょっとフォローしてあげる程度のことで済んでいる。主婦の場合、料理の味が変わったことや、買い物に行くたびに同じ食材ばかり買ってきてしまうことで、家族が気づくということが多いが、ご主人が手伝ったり、代わりに買い物や料理をしたりすることで乗り越える。

　本人も、自分の変化にとまどったり落ち込んだりする時期はあるが、家族のサポートを受けつつ日常生活はなんとか送っている。

　だが、本人は、ただ受け身的に生きているだけではない。自分がこうむってしまった機能的な変化に振り回されているだけではなく、それを自分でなんとか修復して、体勢を立て直そうと日々能動的に生きている。

　ところが、その前向きな動きが、外から見ると、まるで、今までできていたことや理解できていたことが、まったくできなくなって、「わけがわからないことをやっている」という風に、見えてしまうという、内側と外側のズレも起きてくる。

　様々な「症状」というのは、その「回復」の過程に現れると松本卓也氏の著書にあった。それを読んだときに、「そういうことなのかもしれない」と気づいた。

　書かれていたのは、精神病についてであり、認知症と精神病はそ

の原因も成り立ちも症状もまったく別物であることは言うまでもない。ただ、自分の中に、あずかり知らぬところで生じてしまった何らかの欠落があり、それが自分に明らかになったとき、人は、ただ一方的にその災難を甘受（かんじゅ）するわけではなく、回復へ向かおうとする試みが始まるのだ、という見方は、ヒントを与えてくれる。

　その回復へと向かおうとする本人の中の能動的な過程が、精神病の場合、様々な「症状」として表れてくる。つまり、外側から見ている者には、その病気がもたらす「異常性」として現れてくる、ということのようだった。

　認知症の場合は、「症状」というより、もっと外的な行動の面で現れるのだが、本人の「意図する」ところは「回復」なのに、その動きを外側から見ている人には、「変な行動」と受け取られてしまい、両者の間には、かなりのギャップがあるのかもしれないということになる。

　認知症の様々な「異常」な行動や騒動は、一般には映画や小説などを通して見聞きすることが多いのだろう。そういう場合、認知症という「病い」に侵された人が、その病いのせいで、次第に自分を失っていって、わけもわからないことを毎日やるようになってしまうのだという風に思われがちだ。

　だが、現実は、そうではない。映像になりそうなところを「視覚的」にのみ捉（とら）えると、認知症の人の動きは、まさに「わけがわからない」としか、見えないことが多くなってしまうのだ。

　また、認知症の映画と言われているのは、ほとんど、認知症の人の「家族」のことを描いている映画になっている。家族のとまどい、

家と繭

認知症の人がいることが家族関係に与える影響、そのために起きる家族のいさかい･･･。

最後には家族の方が変わり、受け入れと和解が描かれるにしても、結局は、「家族にとって」の認知症の人の話でしかないことも多い。認知症は、家族関係に投じられた、一つの契機にしかなっていない。さらに、観客の方も、社会的なまなざしで見ているので、社会的な〈きまり〉から外れた、その「異常性」が印象付けられてしまうということもあるのだろう。

では、小説はどうだろうか。認知症を最初に取り上げたことで有名な、あの『恍惚の人』を昔読んだとき、便を壁に塗りたくった描写のところで、ショックを受けた。多くの読者も同じではないかと思うが、しばらくの間、認知症と言えば、排せつ物をそこら中に塗りたくるようになってしまう病気という印象があった。あまりにも、その場面の印象が強いので、認知症の本当の姿からは程遠いイメージを植え付けてしまったような気もする。

とはいえ、この『弄便(ろうべん)』と呼ばれる行為、この名前自体かなり不適切だと思うが、この「便」を壁に塗りたくるという行為は、実は、家族にとっても最大の難関になる場合が多いのも事実だ。

それまで、比較的穏やかに流れていた家族の時間が、ある日突然、ブレーキをかけたように急停車することになる。食事を食べたのに忘れる、ガスのつけっぱなしでお鍋を黒焦げにする、同じことを何度も言う、･･･などということは、家族にとっては、ぎりぎり許容範囲である場合が多い。

だが、ある日、家に帰って見たら壁に「便」が塗り付けられてい

た、となると、どんなに寛容な家族でも、大声を出さずにはいられないことになる。「隣のご主人が、びっくりして飛んできました」と、秋山宏夫さんの奥さんが打ち明けてくれた。あの肝のすわった奥さんでさえ、隣まで聞こえるような大声で叫んでしまったと言うのだ。

そして、「あのときのことだけは、今も悔やんでいます」と言う。「あの人は何もわからなくなってしまっているんだから、そんなことは仕方ないと、わかっていたつもりなのに、あのときだけは自分を抑えられなくて、『何やってるのーっ』と悲鳴を上げてしまった」というのだ。

だが、それは無理もないことで、「大丈夫よ」などと、穏やかに落ち着いて対応できる家族はいない。そして、多くの家族は、「ここまでは頑張ったけど、これ以上は無理」と見極めをつける。そして、老人ホームなどへの入所の方向へとかじを切る。

排せつ物を手でつかむ、それを、どこかに塗るという行為は、驚愕に値する許しがたい行為なのだ。秋山さんの奥さんでさえ、「何もわからなくなってしまっているんだから、仕方ない」という、家族としての最大限の理解を示せなかったと、自分を責めていたほどなのだ。

が、実は、彼は「何もわからなくなってしまって」いたというわけではない。

確かに、日常的な物事の処理の「手順」は、わからなくなったのかもしれない。あるいは、「トイレの場所」がわからなくなってしまったのかもしれない。それで、ドアを開けたり、歩き回ったりし

て、必死に探す。
　よく、「認知症の人は、あてもなくウロウロする」と言われるが、大抵の場合、トイレに連れて行ってあげれば落ち着くことからも、ウロウロするにはそれなりの理由があるということがわかる。
　トイレに行こうといくら探し回っても見つからないと、部屋の隅(すみ)においてある紙くず入れの中にそっとしてあったりする。
　本当はトイレに行きたいのだが、どうしても見つからないので、間に合わなくなってしまい、せめて、それに近い、人目につかない部屋の隅(すみ)を選び、そして、便器にいくらか近い形の紙くず入れを選び、解決したのだ。これは、長年生きてきた人だからこその「知恵」だと、私などは感心してしまう。
　子供のころ、級友たちに誘われて行った教会の日曜学校でトイレに行きたくなり、先週は確かトイレだったはずのドアを開けたら、そこは掃除道具入れになっていて、隣のドアも次のドアも道具入れで、焦って友達に「トイレが見つからない」と訴えたが、ジョーク

だと思われてついに教えてもらえなかったという、恐ろしい悪夢のような体験のある私としては、あのとき、この認知症の人のような大人の知恵さえ持っていれば、そこにあった掃除用具のバケツを無断でお借りして用を済ませ、涼しい顔で日曜学校のミサに戻ることもできただろうに･･･、と今さらながら悔やまれるのだ。

　「知恵」を働かせて解決した人に、「トイレと紙くず入れの違いもわからなくなってしまって、困ったものだ」と叱ったり嘆いたりするのは、ちょっと違うのじゃないかな ･･･ と思う。力はつくしたが、力およばず間に合わず、「次善の策」を選ぶしかなかったという苦戦の跡が読み取れる。

　本人も決してそれで満足なわけではないが、自分としてやれるだけのことはやった。ただし、浴びせられるのは、ねぎらいではなく、叱責の言葉である。

　トイレの「場所」がわからなくなるというのは、単純そうに見えるが、実は、これが認知症の人にとって、最大のポイントなのだ。『認知症問題は、排せつの周りを巡る』と言っても過言ではない。

　「弄便」の場合も事情は同じで、トイレを探し回り、ついに間に合わず ･･･ ということも、あるだろう。さらに一人でトイレを見つけて排便はしたものの、紙が見当たらない、紙が小さすぎて手にはみ出してしまった、便が硬くてなかなか出切らず、仕方なく手でつかんで取ろうとした、あるいは、ついにトイレは見つからず紙パンツの中にしてしまったが、このままでは気持ち悪いのでなんとかしたい ･･･、など事情はいろいろある。

　いずれも、その事態に直面し、「困ったぞ。なんとかしなくちゃ」

家と繭

というところから試行錯誤が始まる。
　手についてしまったものがとれない。あちこちのドアを開けて、洗面所にやっとたどり着いたものの、水の出が細いせいか、なかなか落ちない。洗面台の中にこすりつけたり、手近の壁にこすって取ろうとする。ここに来る途中の部屋のドアにも、いっぱいついてしまっていた…ヤレヤレ。
　…というような、いくつもの経過は想像できる。実は、こうした事態が起きるのは、たまたま運悪く、排便したくなったときに家族が出かけていたり、夜中で眠っていたり、あるいは、施設の場合なら、トイレに連れて行く時間が決められているような施設だと、その間はどんなに行きたくても構ってもらえず、ウロウロしていても、トイレの場所すら教えてくれなかったりしたときなのだ。
　施設の場合なら誰かが気を配っていて、トイレに行きたそうな「いつもの素振《そぶ》り」や、紙パンツの中にしてしまったような様子に気づきさえすれば、こういう事態は「本来」起きるはずはない。
　家族の場合、買い物に行ったり、洗濯物を干したり、眠ることも、自分がトイレに行くことだって必要なのだから、四六時中見張っているなどということは、とても無理なことなので、「タイミング」が悪ければいつでも起きる可能性はある。
　しかも、変化は「ある日突然」起きるので、不意をつかれることになる。少しずつ、そうなる気配があるのなら、注意したり準備したりできるのだが、昨日まで一人でトイレに行って何事もなく済ませていた人が、ある日、突然トイレがわからなくなるのだ。昨日と同じようにスーパーに行って帰ってきたら、大変な「惨事《さんじ》」になっ

ていて大騒ぎになる。

　ただ、これは、一度起きてしまえば、その後は出かける時間を調整したり、出かける前に排せつを済ませたりして、家族の方で工夫できるので、同じ事態が二度三度と起きることは防げるのかもしれない。が、たった一度にしても、インパクトがあまりにも大きいので、認知症の代名詞であるかのように印象に残ってしまうことになる。

　いずれにせよ、「認知症になると、便をつかんで『もてあそぶ』ようになってしまうのだ」という理解は、現実とは恐ろしいほど遠くかけ離れている。悪戦苦闘の結果を目にして、そこまでの過程を思い描くことができなければ、驚愕（きょうがく）の叫びと罵声（ばせい）を浴びせてしまうことになる。いや、たとえ、とても想像力に富んだ家族で、本人の苦闘に共感できている人であっても、目の当たりにした瞬間のショックは強く、声を上げてしまうかもしれない。

　それは、排せつ物に関する〈きまり〉というものが、一般的な社会的なルールと比べて、はるかに厳しいルールだからではないかと思う。

　排せつのしつけというのは、乳離れに次いで、母親と赤ん坊の最大の共同事業の一つなのだ。排せつしたものは、この世で一番「汚い」ものであって、それを、なんとかしなければいけないということ、ある決められた場所に行って処理しなければいけないということ、人目をはばかるものであるということ。それを徹底的に教え込むために、母親はかなりの時間と労力をささげる。

　排せつ物がいかに「汚い」「忌（い）まわしい」ものかということを、

家と繭

赤ん坊の頭に叩き込むのが、母親の最大の仕事の一つなのだ。皆、そうやって成長したからこそ、それが壁に塗られているのを目にしたとき、驚愕の叫びを上げたりもするし、小説でそれを知った読者の頭に、認知症の恐ろしさが刻み込まれたりもする。

そして、実は、認知症の人の方も、赤ん坊のときに叩き込まれたこの教えが、同じように失われずに残っているからこそ、なんとかしなくてはと焦って、悪戦苦闘もするし、その苦戦の末の結果も生じることになってしまうのだろう。

その結果を目の前にして、ショックで茫然と立ちすくむのは、実は、家族の側だけではない。当の本人もまったく同じなのだ。「排便教育」で叩き込まれた〈しつけ〉から「はずれる」ということが、どれだけ恥ずかしく罪深いことなのかということを、両者は同じ土俵に立ち、共感している。

家族の側が、この状況に耐えきれずに一方的に厳しく叱責するとき、その「罪」を犯してしまった人は、自分は人間としてダメなのだと、どん底に追いつめられることになる。

「わけがわからなくなる」というのは、「何をなすべきか」「人と

してどうすべきか」がわからなくなることだ。

　ここでは認知症の人は「何をなすべきなのか」はわかっている、ただ、この時点この場所での、それに「ふさわしいやり方」がわからなくなってしまったにすぎない。

　さて、赤ん坊が、母親との間で初めての〈きまり〉を取り込んで以来、出来上がったそのレベルに、次々に〈きまり〉が取り込まれていき、その社会の中で暮らしていくことになったとして、やがてある時期になると、今度はこうして手に入れた様々な〈きまり〉が、次第に手放されてゆくということが始まる。

　これは、「老い」と呼ばれる、多くの人々がたどる人生の一過程で、その始まりの時期についてはかなり個人差があるのだが、認知症と言われている人の場合は、それが予期せぬときに、予期せぬ形で突発的に始まり、変化の速度もかなり速いために、本人も周りの人も十分な受け入れ態勢がとれないということが起きる。

　ただ、社会の中で必要とされた〈きまり〉を見失い始めても家族の中ではしばらくは問題にはならない。それは、家庭の中では、もちろん社会の〈きまり〉も通用するのだが、それのみに支配されているわけではないからだ。

　家族の関係には、そこでのみ通用する家族の〈きまり〉がある。社会では、〈きまり〉に反した人は、「排除」の対象でしかないが、家族には、〈きまり〉をめぐるバトルはあるとしても、基本的には、「許す」という行為があり、家族という特別な「象徴的な」関係を組み替える作業は、そう簡単にはいかないものとしても、家族は認知症の人を受け入れようとする。

家と繭

それで、社会から家の中へと退き、こもることになる。
　社会から撤退しても、家族の間では比較的穏やかな日々は続いてゆく。時間や日にちを忘れても、食事をしたことを忘れても、家族は笑って許すこともでき、ガスの消し忘れがあれば、危険がないような対策を講じる。なんとか、カバーして、元のような平和な家庭を続行しようとする。
　ただ、最も忌むべき「排せつ」に関する〈きまり〉は、社会的な〈きまり〉である前に、家族の中でも守らなければならない、もっと古い〈きまり〉だったと見え、比較的穏やかに流れていた家族の時間が、ここで、突然、ブレーキをかけたように急停車したというわけだ。
　ところが、認知症の人にとっても、このころに、一つの転換期のようなものが訪れている。
　「認知症の人は、ただ、受け身的に災難を甘受しているわけではなく、自ら、修復へ向けて能動的に生きている」と書いたが、ここまでの期間においては、「修復」とは「もと通りの自分」に戻ろうとする様々な試行錯誤だった。つまり、社会で認められていたころの自分への執着とも言えるような方向性を持っていた。
　しかし、社会的な振る舞い方は次第に失われていくので、この方向での戦いは成果をもたらすことがない。
　そういう意味では「回復」はない。ところが、この方向での悪戦苦闘の戦いが、ある転換点にさしかかると、微妙な変化を見せるようになる。
　いら立ちが影をひそめ、肩の力が抜けるような、スッと柔らかさ

が入り込んでくるような小さな変化が、外からもかすかながら感じられる。

「あきらめ」と呼ぶには、あるいは「降伏」と言うには、明るい変化である。社会的に認められていたころの自分への、あれほどの執着が、「取るに足りないものだ」ということに気づいたのかもしれない。

どこへ向かって流されているのかわからず、その流れにあらがって、もがいていたけれど、足を下ろしてみたらちゃんと底に届いて、自分のやり方でゆっくり歩いていくこともできそうな気がしてきた、とでもいうような、「変化」なのかもしれない。「回復」へと向かう能動的な動きの一環には違いないのだが、目指す着地点が微調整されている。かつての「あの自分」がすべてというわけではない。「もう一つ別の自分」もあり得るのかもしれない。

こうして「回復」の形が変わるのだ。

「他人からどう思われるか」ということに執着しない人〈社会的まなざし〉を失って街を歩いている人、というイメージは、認知症が落ち着いてからのイメージだと書いたが、それはこの時期にあたるのかもしれない。

これは、勝手な想像にすぎないが、そう的外れではないような気もする。なぜなら、こうした変化は、老いに向かうときに誰しもが味わうはずの変化であって、ただ、それが、一般的には、もっと、長いスパンで起きているというだけのことなのだ。

長い年月をかけてゆっくりと、老いが進行し、それを納得しながら受け入れていくとき、周りには同じような変化を感じている、同

家と繭

年代の人たちもいるし、老いのグチを言い合って笑い話にしたりして、乗り越えていくこともできる。

認知症の場合には、こうした変化が短い期間に前触れもなく訪れるので、本人にも葛藤やとまどいが起きることになるし、社会にもそうした、時季外れの老人を受け入れる場所がない。

家の中でも、その急激な変化への対応にいくつかの失敗や後悔はあるに違いないが、家族が一方的に非難したり、追いつめて「症状」をこじれさせたり、それを原因として他の心因性の症状を引き起こしたりすることがなければ、そして、「治療」目的の薬による新たな症状が作られなければ、認知症の人は、自らの力で、やがて落ち着きを取り戻すときがやってくる。

家が「繭」の役割を果たせば、その中で認知症と呼ばれる人は落ち着き始める。そして、「もう一つ別の自分」だと思っていたが、実は、ここに居るのは「以前と変わらない自分」だということ、ここに居るのは、「まぎれもない私だ」という確認。それが、おそらく、なされるのだと思う。

雑誌や予定表や何やかや一式を重ねて、ダイニングテーブルから壁際の棚へ、そして、壁際の棚からダイニングテーブルへと、移動させることを何度も繰り返すという「仕事」を、秋山さんは作った。自分の日課として課したと言ってもいい。そして、夜になると、奥さんの部屋のタンスから、衣類を一枚一枚引っ張り出して、床一面に広げるという「仕事」も作った。

毎日、毎晩、決められたことを同じように繰り返す。不思議なことに、その手順は忘れない。ここは、自分の家で、自分は今ここに

居て、これをひとまとめにして運んでいる。

　これをやっているのは自分だということ。そうしようと決めたのも自分だということ、この繰り返しをするたびに、そのことが、自分で確認できる。変わらぬ自分が居るということが、おそらく確認できている。これをやれば、なんだか落ち着く。スポーツ選手のルーティンに、似ているような気もする。

　ある日、久しぶりの介護サービスの担当者会議ということで、秋山さんの家を訪れたとき、ダイニングルームに入って行くと宏夫さんは仕事の最中だった。

　「秋山さぁん」と大きな声をかけると、宏夫さんは顔を上げてこちらの顔を見て、「おー」という表情をかすかに表し、仕事の手を止めた。

　先に到着して、この様子を客間から見ていたケアマネージャーとショートステイの責任者は、「表情が変わりますね！」とびっくりした様子だった。二人も、さっき声をかけてみたのだが、仕事に熱中する宏夫さんは顔を上げず表情も変えることなく、仕事を続けていたらしかった。それで、もう、秋山さんは外からの働きかけに反応しない人になってしまったのだと、思ったようだ。

　最近、秋山さんを直接介助するのも送迎するのもスタッフの仕事になっていて、私は一日のうち、ときどき顔を合わせる程度のお付き合いになっているので、はたして、私をわかってくれるかどうか、少々心配だったのだが、まだ顔を覚えていてくれたようだった。

　秋山さんは仕事を置くと、帽子掛けからソフト帽をとって頭に乗せた。

家と繭

「あ、今日はデイサービスに行く日じゃないんです。お宅にお邪魔しに来たんです」と言うと、帽子を元の帽子掛けに戻し、奥さんと私の後に続いて客間に入り、奥さんの後ろの椅子にかけた。

また驚いた。顔を覚えていてくれたどころの話ではない。顔を見て、私が、いつも送迎にくるスタッフと同じデイサービスの関係者だと理解したのでなければ、とっさに帽子をかぶって、デイに行く準備を始めるはずがない。そして、「今日は違うんです」という言葉に素早く反応して、また帽子掛けに戻す。私を案内する奥さんと私の後ろについて、客間に入り、椅子にかけ、そうやって、じっと、会議が終わるまでの１時間ほど、参加していた。

それは、一家の主人の態度だった。家でやっていた仕事を一時中断して、来客に対応し、帰るときには玄関まで送り、来客が帰ったら再び仕事に戻る。とても、自然な、自己統制がとれた社会人的な態度だった。

社会的まなざしは失われてしまったと思っていたのだが、そうした礼儀正しい態度は、まったく失われていなかったのだ。童心に

返って、単純作業の繰り返しで自己確認を図ることしかできなくなっているのだとばかり思い込んでいた、想像力の足りなさを恥じた。

　周りの状況はすべてわかったうえで、自分の仕事をそのまま続けるか、中断するかという意思決定が働いていると感じられる出来事だった。「表情が動く」ことにケアマネージャーは驚いていたが、「繭の中でも社会的な振る舞い方が失われていない」ことに、私は驚いていた。

　そういえば、藤田さんも、自分のテーブルのそばを人が通るとき、にっこりと会釈してくれた。あのタイミング、ほほ笑み方、首のかしげ方は、昔の近所の親しいおばさんのそれと、まったく変わらないものだった。

「特別区」と繭

　〈社会的まなざし〉のやりとりがルールとされている「街」では、「他人からどう思われるか」ということに執着しない認知症の人は、「普通」ではないと判定されたが、街から囲われた「特別区」のような「ここ」では、あるコミュニケーションが成り立っていた。社会では、居場所のなかった認知症と言われる人と、「ここ」では、コミュニケーションがとれたというのは、ここは、家ではないけれど、認知症の人にとっての「繭」になり得たということだろうか。
　認知症の人と私たちが作る「ここ」という「特別区」では、〈社会的まなざし〉のやりとりが姿を消しているのだとすれば、そこには一時的にせよ〈社会のきまり＝規範〉が働いておらず、それだからこそ意外に「すんなりと」この根底的なコミュニケーションに至ることがあるのだと言えるのかもしれないと書いたが、それでは、〈ここ〉ではなぜ、〈社会的まなざし〉のやりとりが姿を消しているのだろう。なぜ、「一時的にせよ〈社会のきまり＝規範〉が働いて」いないのだろう。
　一般的に言えば、いくら囲いを作ろうが、社会のうちに居ることに変わりはなく、〈社会的まなざし〉は通用するはずだ。
　デイサービスも十数人、何十人も利用者がいるような大きなところでは、完全に社会の縮図が再現されている。何人かでテーブルを

囲み、体を動かしたり、ゲームをしたり、食事をしたりしていても、一人ひとりの行動の細部にまで目が行き届くほどたくさんの職員はいないのが普通なので、それぞれのテーブルだったり、一緒の浴室だったり、レクリエーションのグループなどで、いくつかの小さな社会が作られる。私物の持ち込みや、物品のやりとりは、一応禁止されてはいるのかもしれないが、お菓子を持ち込んでお仲間同士分け合いっこしたり、ちょっとした手作りのものを配ったり、そこには、完全に、外の社会が再現されることになる。そうなると、もちろん、〈社会的まなざし〉も健在である。

　だが、これは、悪いことではない。「高齢者が社会性を維持する」ことは、デイサービスの大きな目標の一つなのだ。体がよく動かなくて介助が必要とか、物忘れしやすくなって金銭の管理ができないとかいうことで、外出が難しくなった高齢の人たちが外出の機会と場所を持ち、そこで人々と交流することは、自宅で生き生きと生活を続けていくためには非常に有効な「機能維持」の方法とされている。

　ということで、「社会性の維持」ということからすれば、そこはいくら囲われていても「社会」である必要があり、〈社会的まなざし〉は必須アイテムなのだ。

　だから、そこに認知症と言われる人が入って行った場合には、〈社会的まなざし〉のやりとりができないということで、やはり、「ちょっと変」「普通じゃない」という判定を受けることになってしまうことにもなる。それで、秋山さんは、いくつかのデイサービスから「一日中、ただ歩き回って出口のカギをガチャガチャといじっ

ているだけなので、デイサービスではこれ以上は無理ですね」と断られてしまったというわけなのだ。

　10名の小さなデイサービスであるここでも、「和気あいあい」とカルタやトランプをやっているところに入ってきて邪魔をする秋山さんを、やめさせられないものかとスタッフが言い出すこともあるし、藤田さんとのコミュニケーションの「取り方」に悩んでいた若いスタッフもいたし、必ずしも、〈社会的まなざし〉から、完全に切り離されているわけでもない。ここには、認知症でない高齢の人もいるので、中には、「あの人が嫌だ」と言い出す人がいることだってある。

　そういう意味では、「特別区」というのは、それほど「特別」なわけでもない。

　「あの人をやめさせられないか」「コミュニケーションがとれない」「あの人嫌だ」など、それぞれの人が思ったままを言う。それぞれどんな意見があってもいいのだ。ただ、全員がそれに「そうだ、そうだ」と同調し、大きな意見となってしまうということは、ここでは起こらない。外の社会では往々にして、そういうことは起きているような気がするが。

　かと言って、ここは家ではない。よく、「家庭的な」とか「アットホームな」という形容詞を聞くが、それは、雰囲気やインテリアや心構えを「似せて」いるだけで、「家族」になれるはずはない。そう簡単に、「家族」という関係を持つことはできない。

　家のように閉じた空間ではないので、むしろ、社会との接点はそこかしこにあり、ちょうど渚のように、社会的なさざ波も年がら年

中、打ち寄せては引いてゆくのだが、ちょっとした囲いを作れば、そこだけ波を防ぐことも容易だったりもする。

また、ここはここで、一つの小さな「社会」でもあるのだが、大きなデイサービスとの一番大きな違いは、ここに居る人たちが普段所属している社会の縮図が、そのまま持ち込まれてはいないということかもしれない。その意味では、異空間ではある。

10数年前の開設当初、はっきりとその効果がわかっていてそうしたわけではないのだが、まず、イメージを描いた段階で、「幼稚園や学校のような場所にだけは絶対にしない」ということだけは決めていた。

それは、老いた父を初めてデイサービスの見学に連れて行ったとき、「こんな、幼稚園みたいなところ、誰が行くか」とそっぽを向いたことが影響している。私も、行きたくないという父に同感した。父や私のようなわがままな人、「大勢の人々の中の一人」になりたくない人、そういう人でも行きたいと思えるような場所を作ろうという、きわめて個人的な理由から、このデイサービスの方向性が決められている。

何人かの人が集まるという意味では集団には違いないのだが、そこに参加した人が自分は集団の「一員」だと感じなくてもいい場所にすること。他の人とは違う、「特別の自分自身」であることが常に感じられること。スタッフは、全員を「まとめる」ように心を砕くのではなく、その人がその人として快適に過ごせるように気を配る立場であること。

「それでは、例えばどのような場所にすればいいのか」と、立ち

「特別区」と繭

上げ時、スタッフに聞かれて、参考になるような場所がとっさに思い浮かばず、思い付きで「日帰り入浴」と言った。「中の上くらいの『由緒ある』旅館の、お料理付きの日帰り入浴っていうのはどうかしら」と言ったら、一瞬、間があった。

　思っていたデイサービスのイメージとは、相当ギャップがあったらしい。うちは大正末に移築した古い建物だし、浴室もゆったりしてヒノキのお風呂だし、ちょうどいいんじゃないかと思った。「だって、一日居て、入浴してご馳走食べてのんびり過ごすんだから、そういうことでしょ」と、そのとき急に思いついたこのイメージが気に入ってしまった。

　もちろん、そこで、重度の方の入浴介助やトイレ介助や、自立を支援するのに必要な介護は実施するし、運動やレク（レクリエーション）もやるし、日帰り入浴よりはスタッフの仕事は多いに違いないが、「イメージ」としてなら、いいんじゃないか。

　「だから」と続けた。「学校の先生とか体操教室の指導員みたいに、『さあー皆さん、これから一緒に何々しましょう！』というのは、絶対なしよ。」

　そう付け加えると、「じゃあ、どうすればいいの？」と不安げに言う。だって、デイサービスってそういうものでしょうと、顔に書いてある。

　「そうねぇ。ホテルのコンシェルジュかな…」と答えて、また、「えーっ？　何それ」という反応をもらった。

　「一流のホテルマンとか旅館の番頭さんみたいに、おはようございます。今日は、ご機嫌いかがですかと、お客様一人ひとりに腰低

「特別区」と繭

くごあいさつしてね」と言ってはみたけれど、懸命にイメージを思い描こうと目が宙を泳いでいるスタッフの顔を見て、皆ついてきてくれるかどうか、ちょっと心配ではあった。少なくとも、相手を「集団」として扱わないという方向性は、これで伝わったのではないかと思った。

ただ漫然と複数の人を集めて一緒に過ごしてもらえば、そこに、自然発生的に社会が作られる。その場合、外の社会がそのまま再現されてしまうことになる。

そうならないためには、こちらのコンセプトに基づく、こちらの用意した空間に、「一人ひとり」お迎えするという形になる。玄関で、はき物と一緒に外の社会の〈きまり〉は脱いで、別空間に入ってもらう。はき物とお荷物は、外の〈きまり〉と一緒にお帰りまでロッカーにお預かりする。

それからは、こちらの用意した異空間で、過ごしていただくわけだが、そこでは常に個々の利用者と個々のスタッフとの関係がまずあり、そのうえで、同じ立場に立つ他の利用者とも、気が向けば会話もするし、したくなければしなくてもいい。利用者同士の間にワンクッションが介在することになる。

そこでは、外の社会の〈社会的まなざし〉は必要ない。どう振る舞うかは、一人の利用者と対応するスタッフとの間で、この異空間に合った〈マナー〉としてできていくことなので、利用者同士が、どう振る舞えばいいのか探り合う必要はない。

これは、もしかして、利用者本人の自由を奪う空間なのではないか、という疑問は当然あるだろう。

そうかもしれない。この〈場〉が主人で、そこに利用者は従属させられていると言えば言えるのかもしれない。
　だが、それでは、社会の中で常にお互いにまなざしをやりとりしながら、際限なく、振る舞い方を探し求めてゆくしかないという、〈寄る辺ない〉生き方をせざるを得ないというのが、はたして「自由」と言えるのかと問うてみると、そこにも、言うような「自由」は見当たらないのではないかと思う。今まで、そのやり方になじんでいるから、それが「自由」なのかどうかも特に考えてみなかった、というだけのことにすぎないのではないだろうか。
　なじんだやり方で過ごしたいのに、別のやり方で過ごさせられるのは「不自由だ」ということならば、それはよく理解できる。普通の社会のやり方が通用するところへ移るということは、ご本人に選んでいただけることなのだ。でも今のところ、ここがいいと言ってくださる方も多い。
　日常の社会では、お互いに〈まなざし〉をやりとりしながら、ルールを探りつつ生きているというのが、現代では一般的なのだが、「大きな物語」があった時代、皆が守るべきルールははっきりと決まっていた。文章に書かれているわけではないが、誰に聞いても同じ答えが返ってくるし、知らない人には教えることもできた。
　そこでは、常に〈まなざし〉を介して探り合わなくても、守るべきマナーは明白だった。例えば、今でもお茶席などでは、そこでのマナーは決まっていて、それさえ知っていれば安心して過ごせる。
　でも、お茶室を一歩出れば、そのルールは通用していない。もしかすると、異空間であるここでのやり方というのも、それに近いも

「特別区」と繭

のだったのかもしれない。

　お茶席のルールだって、昔の偉い茶人が作り出したもので、「理」にかなってはいるのだろうが、そう言ってよければ、「恣意的なもの＝勝手なもの」だ。「あそび」と言ってもいい。また、そうだからこそ、一歩外に出れば、「捨て去る」ことも自由なのだ。

　一つの「小社会」でのマナーは、一般社会で通用するようなものである必要はまったくないので、そこにいる皆がそれで心地いいと感じるなら、「何だっていい」のだとも言える。

　「何でもいい控えめなルール＝あそびのルール」を決めて、その空間ではそれに従って過ごすということにすると、おそらくそこに属している間は、外の社会でのように、〈まなざし〉をやりとりして振る舞い方を探す必要がなくなり、その分、自分を感じられるゆとりもでき、そこにいる人と人との関係は、もっと自由なフレキシブルな開かれたものになるのかもしれない。

　ところで、個々の利用者と個々のスタッフとの関係がまずあり、そのうえで、それぞれの利用者同士も、気が向けばお付き合いするという、ワンクッションが介在すると書いていて気づいたが、この関係のあり方は、まるで、藤田さんとその他の利用者とスタッフが作っていた、あの関係と、そっくりではないか。

　藤田さんは、皆さんの輪には入ろうとしないで、そこから70センチ離れた小さなテーブルに落ち着いて座っている。スタッフとは、ある日、コミュニケーションがとれるようになったが、他の利用者の輪からは一定の距離をとって、あまりそちらを見たりもしない。他の利用者も別に誘ったり干渉はしないが、面白いことが起きれば、

藤田さんも他の利用者もスタッフも一緒になって笑う、という、あの関係である。

　藤田さんが、皆さんの輪に入ろうとしないから、思い付きでテーブルを置いたのだったが、そうしなくても、もともと、ここにはそういう関係性があったのだということなのか。その輪を作っている皆さんも私たちも、それに気づいていなかったのだが、そこには、すでに、外の社会の関係性とはちょっと違う関係性が成り立っていたのだ。

　皆さんの輪から70センチ離れて小さなテーブルを置くことで、この見えない関係が「可視化（かしか）」された、ということだろう。

　そのことが、今、この文章を書いていて、わかった。そうしてみると、この異空間は、私が一人でこもった繭（まゆ）とは少し違うかもしれない。繭の中で、私は一人きりだったが、ここは繭（まゆ）の要素も持ちながら、ある種の「社会性」ともつながっているような空間だったということになる。

　「私は変わらずにここに居る」とほんの一瞬でも感じられる場所は、「繭（まゆ）」のようにすっぽりと覆われた形でなくてもいい。壁に囲われた部屋である必要もない。

　もしかしたら、それは、小さな木の机でもいいのかもしれないのだ。小さな引き出しの中に、なじみのある必要なものすべてが入っていて、毎日それを出しては日課をこなす、その繰り返しが、「私は変わらずここに居る」ということを、私に感じさせてくれるのだろう。

　そういえば、毛糸の編み物や、はた織りや、竹かご作りなどの繰

「特別区」と繭

り返し仕事もまた、単調で根気がいる大変な仕事のように見えるが、その「繰り返し」という動きは、周りの人が想像するほどストレスになることはなく、むしろ逆に、やっている本人にとっては、それがなくては落ち着かないというような、精神的な安定をもたらす動きになっている。おそらく、「繰り返す」ということ自体、そうした魔力を持った行為なのではないかと思う。

　秋山さんの家での日課も同じだ。秋山さんは、そうした日課をこなしながら、変わらない私がここに居るということを確認していたが、かと言って、社会性をまったく失ってしまったわけではなく、来客に対して、気が向きさえすれば、きちんとしたマナーを維持していた。

　秋山さんの場合、家の中では、普段は家族である奥さん一人だったけれど、藤田さんの場合、70センチという絶妙な「遠さ」に顔を知っている何人かの人も居て、楽しそうに何かやっているみたいだが、こちらが見たくないときには見なくても済むし、見たいときにはいつだってその楽しげな光景を見て一緒になって笑うことだってできる。

　そして、なんといっても素晴らしいことに、その人たちは、一緒に笑ってくれるけれど、それ以外のときにはこちらが何をしているのか特に気にもせず、「こっちへいらっしゃいよ」とか「一緒にあそびましょうよ」とか、干渉しないし、皆で「変な人ね」と思っている風でもない。万が一、その気になって一緒の輪に入っていったとしたら、普通に入れてくれそうな気がする。

　これは、『最高の無関心』というほかない。

「世間一般からはうまく距離をとって囲われている特別区」という言い方をしたが、それは形のうえのことではないし、コンセプトのことでもない、距離のことでもなかったのだ。そこに、結果として出来上がっている、関係性のことだったのだ。
　こうして考えてくると、この「特別区」の関係性は、なにも、「認知症の人にとっての」、よい関係のありようというわけではなく、もしかすると、誰にとっても理想的な関係の形、もともと、人間関係ってそういうものではなかったのかと思わせるような関係の形ではないだろうか。
　問題は、ここで逆転する。では、なぜ、外の社会は、そういう社会ではないのだろうか、…と。

治る と 戻る そして 変わる

　認知症は治りません、と言われている。「老い」は治りません、とは言われない。
　「認知症」というのは、「病名」ではなく、現れてくる様々な「症状」をまとめてそう呼ぶらしい。だとすると、どの「症状」が治って、どの「症状」が治らないのか、あるいは、どれも治らないのか、ということもよくわからない。あいまいさが付きまとう、呼び方だ。
　「回復」へ向かおうとする本人の動きが、様々な「変な」動きと

して外からは見えた。だが、ある時期に至ると、「回復」の着地点に微調整が加えられたように感じられ、「落ち着き」を取り戻したように見えた。

「認知症の『中核症状』は治らないが、周りの適切な対応により、『行動的・心理的な症状（BPSD）』は緩和されます」と認知症のどの教科書にも書いてある。自分の急激な変化に対応しきれず、不安に陥っておかしな行動をとってしまうので、周りがその点を理解して、安心させてあげれば、次第に落ち着いてくると説明されている。

間違ってはいないのだが、一点だけ、よくわからず不明な点があるように思う。それは、「着地点」のことだ。

「落ち着いてくる」という言い方で言おうとしているのは、どういうことなのかという点。結局治らないということには変わりはないが、こちらの働きかけ次第で、「穏やかにはなる」ということを、「落ち着く」と言っているのだろうか。それとも、自ら変化を受け入れ、かつての自分への執着を捨てて、新たな自分を目指す方向へと微調整して、人生を歩み始めたことを、言っているのか。

もちろん、そこに果たす家族や介護者の役割の重要性は言うまでもない。教科書は、介護にあたる人に向けて書かれているので、そこを伝えたいというねらいから、こういう書き方になっているのだと思う。「治る」にせよ「治らない」にせよ、必要なのは、こちらの対応の仕方なのだということを伝えようとしている。

そういう意味では、「治る」ということが、あえて必要なのかどうかというのにも一理ある。ただ、自ら「現状」を受け入れ、そういう自分として、生きて行こうとしている人に対して、「中核症状」

は「治っていない」と言うのも、ちょっと変じゃないかなという気はする。

「病い」は「治る」とか「治らない」でいいが、「生きる」ことについて、「治る」「治らない」というのは、どうもなじまない。

ところで、繭にこもった私は、2年余りかかったが、元の世界へ「戻ることができた」と書いたが、実はここには、間違いがある。繭にこもったとき高校生だった私が元の世界へ「戻る」というのは、「高校生活」に戻ることになる。だが、そこに戻ることは、どうしてもできないことだった。今まで見知った人々の間に出て行くことは、おそらく何十年経ってもできなかっただろう。

ただ、幸運なことに、このとき、2年待てば、レポート提出だの、お情けだのが必要であるにせよ、自然に高校は卒業するというタイミングだった。

もう、「元の」世界には「戻らなく」てもいい。その後入って行く大学は、家から離れた、地続きではあるが別の世界だ。誰一人見知った人のいない世界。そこで、少しずつ、振る舞い方を身に着けていけば、やがて、そこで暮らすこともできるようになる。

結局、元の社会へは「戻れなかった」が、その後の別の社会へは「戻れた」。

はたして私は、「戻れた」のだろうか。「戻れなかった」のだろうか。

認知症が「治る」「治らない」というのも、これと似ているような気がする。「元のまま」の社会で生活を送れる状態が、「正しい」状態とするなら、もう一度その状態になることが、「治る」ことで

あり、「戻る」ことである。

　私は、それまでの高校生活には戻れなかったのだから、いくら立派な大学生になったとしても、「戻れなかった」ということになる。「認知症」の秋山さんは、以前のように町内会の役員をやったり、ご近所の世話をする生き方ではなくなったのだから、「治らなかった」ということになる。

　それまでの長い交流で出来上がった秋山さんのありようが、ずっと周りにいた人々にとっては、唯一無二の秋山さんであり、それと「別よう」の秋山さんというものは何かが欠けた人、治っていない人と感じられる。

　だが、最初からその「別よう」の秋山さんしか知らない私たちにとっては、その「別よう」の秋山さんが秋山さんで、それ以外の秋山さんというのはない。奥さんの思い出話によって窺い知ることができるのみだ。

　そして、ここが肝心なところだが、当の秋山さん本人はといえば、一時期の混乱は乗り越えて、今の自分を自分と感じて生きており、ずっと、「変わらぬ自分」であり続けている。

　これは、一見、奇妙に思える事態だが、「生きる」という事態そのものが、実はこういうことの連続なのだと言える。小さな変化か大きな変化かの違いはあるにしても、もともと、人が「生きる」というのは、少しずつ「変わる」ということだ。常に変わらずあり続ける固定した状態は、「生きている」とは言わない。

　そして、いくら変わっても、つまり他人には変わってしまったとしか見えなくても、自分には、「私は私だ」と感じられる一貫性が

治ると戻る そして 変わる

ある。だから、私は高校時代から現在まで、一貫して「同じ私」であるし、秋山さんも、一貫して「同じ秋山さん」である。「変化」という言葉の意味は、そういうことなのだろう。

　変化というものは、誰もが知っているし、その変化の速度が、社会的に認知されている基準値以内の場合には、社会にはその変化を「変化」として位置付ける「ポジション」が、用意されている。生まれてから、幼稚園、保育園などを経て、6歳の「入学」という社会的な行事があり、20歳になれば「成人」という社会的な儀式もあり、その時期の変化は誰もがよく知っていて、「成長」と呼ばれて喜ばれ、「大人の仲間入り」と祝福されて社会的に公認される。

　さて今度は、老いていく変化の場合はどうだろう。

　「停年」とか「引退」と呼ばれて、社会の第一線から退くときにはねぎらわれたりはするが、その後は、「引退」して社会的には姿を消してしまったようなものなので、社会は特に関知しないものになっている。一括して「老い」とされ、社会から引退後、死に至るまでの間の、「自然」に衰えていく期間とされている。

　そこで起きているかもしれない「変化」に関しては、世の中は知ったことではなかったのだ。寿命が60年70年の時代には、それでことが済んでいたと思われるが、人間の寿命の限度近くまで生きることが普通になり、今までは病いなどによって早めに中断されていた「老い」というものが、ほぼ最後まで全うされるようになった。そこでは、どのような「変化」があるのか、人々は初めての経験に立ち合っている。

　昔のままの、ゆっくりと衰えていく「老い」もあれば、「認知症」

と呼ばなければならないような、急激な「老い」もある。それらの早い「老い」は、社会的に嫡子（ちゃくし）として認知されていない。それを、受け入れるための「慣習」ができていない。

　社会は困惑しているのだとも言える。社会が、認知症の人をうまく受け入れられないというのは、社会がまだ慣れていなくて「慣習化」できていないということ、社会的なポジションが与えられていないこと、それが根本にあると思う。引退したのだから、これからは社会的には関知しないといって、家族にお返しするということでは解決できないような事態に至って、あわてているということなのだろう。

　社会は今のままで仕方ないとして、そういう人でも受け入れようという「やさしさ」を持てばいいのだという意見もある。昔あった「お隣さん付き合い」がなくなってしまい、地域が無関心になってしまっているから、昔のように隣近所同士で世話を焼くような関係を、もう一度作っていきましょう、という呼びかけも盛んになされている。認知症になってしまった人にも、やさしく接してあげればいいのよ、といわれる。やさしいことは悪いことではない。

　昔あった、地域というものがなくなってしまったのは、歴史的な事実だし、そこにあった、密接な人間関係が失われてしまったのも事実だ。…だが、「だから、やさしい気持ちを、皆が持てば、元のような地域ができますよ」と言っているのならば、それは、ちょっと違う。

　そういう気持ちがあればできるものならば、そもそも、なくなったりはしない。かつては、そういう「地域」というものがあったか

ら、その中にいれば、「やさしさ」もあった。が、「やさしさ」があれば、そういう地域が再びできるというわけのものではない。逆は、ない。
　そういう共同体はなくなった現実のうえに立って、そこで、かつての「やさしさ」のような、人と人との「関係性」をどうやったら新たに作れるのか、という風に考えなければいけないのだ。
　それに、かつて、繭(まゆ)の中から恐る恐る出てみようかと試みたとき、周りの人々が前と変わらぬように「やさしく」接してくれようとするのが、「とてつもなく苦痛 …」だったという記憶が、まだ残っている私には、「やさしく接すればいいのよ」と言い切られるのは、こわい。
　自分たちの、今の状態はそのままで、そこを「基準」として、そこから外れた「普通ではない」人も「入れてあげましょう」と示される、「やさしさ」「寛大さ」は、「傲慢(ごうまん)さ」にほかならない。そこでの関係は、自分の側はなんら変わらずに、相手を変えてあげよう、いたわってあげようという、一方的な「やさしい」関係なので、これは、人間関係とは言えない。
　人間関係というのは、双方向のものをいう。フィフティ・フィフティのものをいう。
　つまり、相手にやさしくしてあげて、相手が変わるかもしれないと期待する前に、それによって、自分がどれだけ変わるかということを、まず期待するものでなければ、うそになる。
　その傲慢(ごうまん)さを察知して、認知症の人は閉じてしまう。あるいは一生懸命やさしくしようとしている普通の人の努力を感じて、気の毒

だから、その人がやりたい方向に合わせてあげましょうと配慮をして従ってくれたりする。どちらが介護しているのか、わからない。
　だが、これも、一つの人間関係ではある。その普通の人が、認知症の人の、その配慮を感じるだけの想像力を持ち合わせていればの話だが。
　まず必要なのは、「やさしく接してあげれば、喜ぶはず」と勝手に決めつける自分の思い込みを反省し、もしかしたら、この人の方が「まとも」で、自分が「ヘン」なのかもしれないと、自分を疑ってみることもできる謙虚さと、自分をどこまでも変えていける、頭の柔軟性とあそび心。
　そのうえで、一人の人として、対等の立場で、その人と正面から「普通」に向き合うこと。
　こう言ってみれば、なんのことはない、当たり前の人間関係を作るということにすぎない‥‥。
　さて、こうした一人と一人の関係を模索して、そこから、少しずつ新しい社会を作っていくことが必要なんだと、たとえ、わかったとしても、そのためには、できるだけ認知症の人と出会う機会がなければ、始まらない。
　出会わなければ知ることもできないし、関係すら持てない。もし社会の方が、認知症の人で街があふれてしまう事態を恐れて、できるだけ「収容」する方向へと動くとしたら、ますます、出会いのチャンスは失われてしまうことになる。
　ここで、社会で大問題となっている「徘徊(はいかい)」というものの重要性が明らかになる。

治ると戻る そして変わる

「徘徊」は、一般市民が認知症の人と出会える、唯一の機会なのではないか。家の中にこもり、あるいは、病院や施設などに「収容」されて、普段お目にかかることの少ない認知症の人と、こうした機会に直接出会うこと。そこからしか、新しい人間関係は出発できないし、その無数の体験の蓄積の先にあるかもしれない、社会の新しい「慣習」も見えてこない。
　この出会いを生かさなければ、社会が「更新」できるかもしれない、またとないチャンスを、失ってしまうことになる。
　認知症と言われる人たちは、よく歩く。「徘徊」と言われる。
　「徘徊」というのは、実は「自主的な外出」のことにすぎないのだが、それがなぜ大問題になるのかというと、「帰り道がわからなくなる」からなのだ。それぞれ、何か外出する目的があるから家を出るのだが、出るときにははっきりとした目的があって出発したものの、途中で、道がわからなくなる。
　さて、道がわからなくなったから帰ろうとするが、帰ることもできない。ここで、通りすがりの人に尋ねることができれば解決するのだが、他人に話しかけるというやり方がわからなくなっている。なんとか、帰ろうと道を探すのだが、ますます、わからないところに来てしまった。途方に暮れて歩き続ける。
　行方不明になったり行き倒れたりするから、「徘徊」は好ましくないことだという印象がある。どうやったら「徘徊」を止めることができるか、と問題がたてられる。確かに危険は回避しなければならない。
　チャレンジの結果が、鍋の黒焦げや、屑入れへのおしっこや、壁

に塗りたくった手の跡だったりするならまだしも、命の危険性もあるのだ。

　危険性に関しては、確かに対処法が必要なのだが、本人はと言えば、「歩く」という行為が苦痛なだけなら、あえて歩こうとするわけがない。おそらく、そうすると、落ち着くとか、安心するとか、気持ちよいとか、何か「歩く」という、その行為へ駆り立てる要素があるに違いない。

　社会的なまなざしを失って、人からどう見られるかということが自分の行動を起こすきっかけにはならないという境地にいると、そこで、自分を行動へといざなうものは、「快」ということしかない。それは、不快を避けることでもあるから、「不安から逃れようとして、さ迷い歩く」というような、徘徊の解釈も一面では当たっている。

　ただ、「だから、不安を解消してあげれば徘徊しなくなります」というだけでは、抜けてしまう部分がある。歩こうと思い立ったのは、それが、「気持ちいいこと」「気持ちが安定すること」だからなのだと思う。おそらく、人間は、もともと歩くことが好きなのだ。

　「その人に寄り添い、一緒に歩き、不安を少なくするように働きかけ、たとえ、記憶がなくても、ここに居て大丈夫なんだということを、感じてもらえるように接すると落ち着きます。」現在共有されている、「徘徊」についての好ましい対処の仕方は、このあたりかもしれない。

　歩き回っていた秋山さんが、あおむしカードと色とりどりの紐(ひも)とそれを穴に通す藤田さんを見て、何に心ひかれたのかわからないが、

とにかく、足を止めてそこにとどまり、そして、藤田さんと同じ「仕事」を始めたということ。秋山さんはそこで、歩くことより面白そうな何かを見つけたに違いない。
　ぐるぐると歩き続けていた藤田さんもまた、皆との距離が70センチの木のテーブルに、何かホッとするものを見つけて歩くのをやめた。そのことを、私たちは、「よかった」と思った。
　ということは、認知症の人が歩き回るのはよくないことで、じっとしているのはよいことだという共通の思い込みが、私たちにもあったということになる。だが、視点を変えてみると、これは、「普通」の側にとって都合のよい勝手な思い込みにすぎないのではないのかと、問い直すこともできる。
　家から居なくなり、歩き回って行方不明になったり、事故にあったり、倒れたりされるのは、家族や一般社会にとってはもちろん、本人だって困ることには違いない。だが、たぶん、本人にとって避けたい事態は、「家への帰り道がわからなくなること、事故にあうこと」、であって、歩くこと自体ではない。
　帰り道がわかるようにする、事故を防ぐ、などの点さえ解決できれば、好きなときに、好きなところを、好きなだけ歩くことは、おそらく、好ましいことなのだろう。
　ところで、この、「帰れなくなること」を、自分で解決した人がいる。朝、娘さんがまだ眠っているうちに玄関のカギを開け、小柄な体でパジャマに娘さんの大きなパンプスをはいて、出かけた人がいた。気づいた娘さんも駆けつけた私たちも、いつも彼女が行きそうなところを走り回って探したのだが、見つからない。

やがて、2時間ほどして、電車で40分ほど行った町の警察から電話があり、保護されたと知った。泣きじゃくる娘さんに、彼女は「妹に会いたかったの」と言った。
　朝早く妹に会いたいと思い立ち、そのために電車に乗り、妹さんの住んでいる場所と方向的にはそう違わない、ある駅で降りたようなのだが、乗るときも降りるときも、切符なしでなぜ駅の自動改札口を通り抜けられたのかは、いまだになぞのままである。
　とにかく、そうして、見知らぬ駅で降り、車の行きかう駅前の広い交差点を渡り、向かいにある交番までスタスタと行って「海岸町の乙田ですけど」とおまわりさんに告げたのだという。おまわりさんもびっくりしたらしいが、こうして、自分の力で無事帰ってきた。
　彼女がこういう行動がとれたのは、もともと家の近くの散歩が好きで、自分では帰る道がわからなくなってからも毎日のように出かけ、帰れなくなるといつもの近くの交番に行って「海岸町の乙田ですけど」と言い、おまわりさんが会社にいる娘さんに連絡するということを、何十回も繰り返してきたからなのだった。
　おまわりさんからは「また、お前か」とこわい顔でにらみつけられ、娘さんも何度も注意を受けたようだが、母娘はそんな「心無い」対応にもめげることなく、あいかわらず彼女は散歩に出かけ、道がわからなくなれば交番へ行って、「海岸町の乙田ですけど」と言った。他のことはすっかり忘れてしまっても、この習慣だけは決して忘れることがなかった。
　こわい顔でにらみつけるおまわりさんのキャラも含めて、何か、いい話だと思う。家への道はわからなくなっても、「交番」は彼女

治ると 戻る そして 変わる

の心にくっきりと残っている場所で、全国共通で見つけやすかったから、彼女は他の見知らぬ街へ行っても、そこを目指すことができたのだった。

交番という制度は素晴らしいと、世界各地でまねされているのだから、さらにそれの進化型というか、それの「子供」というか、交番みたいに見つけやすい、もっと小さくてかわいい場所が、街のあちこちにあったらいいと思う。そこでは、多少こわい顔でもいいので、必ず誰かが居て、困ったらそこに行きさえすれば大丈夫ということが当たり前の一般常識になっていれば、もしかすると、「徘徊」問題は問題ではなくなるのかもしれないと、ふと思いつく。

そこにいる「こわい顔」かもしれない人は、小さな受け持ち区域をときどき見まわって、自分ではそこが見つけられない人がいないか探したりもする。

もちろん、やさしい「気持ち」もないよりはあった方がいいのだろうが、その前に必要なのは、はっきりと目に見えるたくさんの小さな「場所」と、その「場所」間のネットワークをデザインすることなのだという気がする。

今でも街の中にせっかく「ボランティアセンター」というものはあるのだが、いつも誰かがいるというわけではなく、目立ちにくく、誰でも気楽に立ち寄ってみたいと思えるような「形」でもない。

例えば、ネイティブ・アメリカンの小さなテントみたいなものでもいい。あるいは赤い屋根の犬小屋をちょっと大きくしたみたいなものでもいい。わかりやすくて、雨がよけられて、小さい椅子があって、2、3人がお茶を飲めて、そして、ちょっとおしゃれなデ

ザインなら最高だ。その場所と場所との間の、しっかりしたネットワークを作る。

こういうネットワークシステムがどの街にもあれば、認知症の人はもっと気楽に自由に街を歩き回り、街の人はもっと認知症の人と出会えるようになる。

そこここで、たくさんの双方向の人間関係を作ろうとする出会いがあれば、これまでまなざしのやりとりによって、際限なく〈きまり〉を探るという「寄る辺ない」生き方しか知らなかった「普通」の人々にも、「もしかすると、『もう一つの別の生き方』もあるのではないか」ということがチラッと垣間見られるのかもしれない。

そうした無数の体験の蓄積の先に、やがて「老い」についての社会の新しい「慣習」、「老い」というものの社会の中の新たなポジションもできてくるかもしれないと、夢見ることができる、…というのは、ほんの思い付きにすぎないのだが。

「日帰り入浴」も「小さな机」も、ちょっとした思い付き＝アドリブにすぎなかったし、それは、必ずしも成功することが保証された、特別のアイデアでもなかった。小さな机が、認知症の人すべてにフィットする「繭」の役割を果たすわけでもない。思い付き＝アドリブをぽんと投げてみただけで、たまたまそこにいた認知症の人と、他の利用者と、スタッフたちが、それを受け取って自分たちの気の向くままに作り上げた、そういう意味では、コラボレーション・アート作品としての、「特別区」であり「繭」だったのだ。

ならば、小さな「場所」のネットワークという、ちょっとした思い付きから、街のいたるところに、コラボレーション・アート作品

が作り出されることだってありなのかもしれない。

　…　現在も、認知症の人を登録して、行方不明になったときに、探すためのネットワークというのは作られているし、GPSなどを利用して見つけられるようにするということも行われているのだが、それらは、その人の行動を、こちらが「管理」するという視点からのみ作られているので、認知症の人が街の人と出会うためのネットワークとしての役割はない。

　でも、そこから、始められるかもしれないと思う。今ある、捜索ネットワークの「結節点(けっせつてん)」として、街の中に、「目に見える場所」を作ること…。

しばる と 解(と)きはなつ

　ところで、認知症って、何だろう？
　これまで、ずっと認知症について語ってきたのに、今さら、何を言っているのだと思われるかもしれないが、実は、認知症と呼ばれているのが何なのかということは、ここまで来ても、いっこうにはっきりとしない。認知症と呼ばれ、「アルツハイマー型」と診断されている人たちの大部分は、確かに、早すぎた老いとして捉えることができる。
　以前、「認知症は病気だ」という判決が出たとき、それまで、「認知症は家族がちゃんと対応しなかったのが原因だ」と言われて肩身の狭い思いをしてきたという家族たちは、勝訴にホッとした。
　他方、いや、それでも認知症は病気ではないと言い続ける、介護に携わる人たちもいた。認知症は薬や治療によって「治す」病気ではなく、年をとるとともに記憶や機能が失われていくのは、人間にとっての一つの「自然過程」であり、生まれて、そして死へと向かう一生の完結局面なのだから、寿命が延びた現代では、誰にでもあり得る状態なのだと。必要なのは「治療」ではなく、老化を人間にとって当たり前のこととして受け止める社会であり、「心理的」なケアであり、支える周りの人々なのだ、という見解であった。
　この考え方に納得し、これまでその立場で認知症の人々と接して

きた。そして、そのように捉(とら)えていい、と思える人々に出会ってきた。秋山さんや藤田さんも、こうした過程を十分に生き切り、そして、食べ物が飲み込めなくなるという「老い」の最終到達点に至り、静かに天寿を全うされた。

　この形は、100歳までどこも異常なくお元気に生き、そして、最終地点で食事がとれなくなって大往生された方々となんら異なるところがない。ゼロから始まり、「成長」のきれいな弧を描いて上昇し、大人の時期を過ごし、同じように「老い」のきれいな弧を描いて下降しゼロに戻る、という軌跡が描かれる。

　…と、言い切った後に、なお消化しきれずに引っかかっている問題が二つある。

　一つは、まず、「認知症の行動的・心理的な症状（BPSD）」は、「心理的」なケアのみで、本当に解消されるのかという点。

　認知症の人は、イライラしたり攻撃的だったり、ちょっとした刺激に敏感になったりすることがあるが、それは、自分の急激な変化を受け入れきれないところから生じた「心理的」な問題なので、周りがその気持ちを理解して、必要な介助で支えてあげれば、緩和することができると言われてきた。事実、たくさんの方が、そうした対応で落ち着くという経験をしてきた。

　だが、そう言い切ることができないと思えるような経験もいくつかある。言葉では言い表すのが難しいのだが、「ピリピリ」するような感覚を感じる経験。

　この感覚は、いわゆる「老化」から、あるいは「心理的」な不安感というものからは、決して感じ取ることがないような鋭角的な感

覚である。もっと切迫した感じが付きまとう。本人もなんとか抑え
たいと必死で努力しているのだが、どうにも抑えられないという、
悲壮感が伝わってくる。近くを人が静かに通ったときに、ほんのか
すかに生じた「風」の流れを自分の手の甲に感じただけで、イライ
ラが起きてしまう人がいる。怒りが爆発しないように、ひざの上で
こぶしをぎゅっと握って我慢している。そのこぶしが震えている。

　気の毒に思うのだが、どうすることもできない。怒りが収まるの
を、かたわらで一緒に待つしかない。

　やさしい声かけや体へのいたわりの接触は、逆に爆発を引き起こ
してしまう。実は、これでもかなり落ち着いてきていて、以前は、
家で大暴れになり、奥さんは殴るけるの暴力を振るわれていたそう
だ。前にいたデイサービスや施設でも、他の利用者が「触れた」と
か「さからった」とかで、すぐに大暴れになり、待機していた男性
職員2、3人で羽がい絞めにして抑えなければならないので、どこ
も断られてしまった。

　ここに来てからも、日に1、2回はこぶしを振り上げたり、椅子
を振り上げたりすることはあって、その都度、こぶしの手首を握っ
て、目を穏やかに見つめながら、ゆっくりと静養室の籐椅子まで押
すように誘導し、気持ちが収まるまで静かにそばに付いている。
次第に収まってくると、大きな肩を小さくすぼめて、蚊のなくよう
な声で「すいません」と頭を下げる。その姿が気の毒で、なんとか
してあげたいと思う。

　わけがわからずにやっているというのではない。本人は自分がそ
うなることを知っているので、「触ると怒るから触らないで」と、

初めて来た日に忠告してくれていた。ここでは、椅子を実際に人に振り下ろしたことはないし、振り上げたこぶしも人に当てたことはない。ぎりぎりで自分を抑(おさ)えている。

　ここは女性のスタッフしかいないということで、逆に、自分で抑(おさ)えなければいけない、という方向に向かわせて、いい結果を出したのかもしれない。最初来たころより、少しずつ自分を抑(おさ)えられるようになってきたということは、全体としては落ち着く過程に入っているのだと思うし、その怒りの爆発以外は、一緒にレクに参加したり、ジョークを飛ばして皆さんの気持ちを明るくしようとしたりしている。

　それを見ていると、この、最後まで解決せずに残ってしまうと思われる、かすかな「風」にも耐えられないイライラは、単に「心理的」な原因のものではないだろうという気がする。「アルツハイマー型認知症」と診断されているのだが、「それは、本当は『前頭(ぜんとう)側頭型(そくとうがた)認知症』ですね」と、医療関係者は言う。ただ、だからといって、別の対応の仕方が特にあるわけではない。名前が変わるだけなのだ。

　「認知症の人は歩くことが好きだから歩いている、おそらく、そうすると落ち着くとか、安心するとか、気持ちよいから歩いているのだ」と言ったが、そんな悠長なことを言ってはいられない、「歩かずにはいられない」という切迫感を漂わせて、一定のスピードでいつまでもいつまでも歩いている人がいる。

　こちらが寄り添うすきもないし、途中で途方に暮れて座り込むというようなこともない。わき目もふらず深刻な顔で一点を見つめて、

その施設の中庭を囲む廊下を、はやい速度でひたすらぐるぐると歩き続けていた。最初にあいさつしたときには、軽く会釈をしてくれたのだが、その後は、忙しそうな素振りで、顔を見てくれることもなかった。
　この「歩き」は、私たちが知っている認知症の人の「歩き」とは、まったく異なっていると感じられた。対応マニュアルは、こういう人を例として取り上げることはないので、例外として無視されたままになっている。
　他にもまだまだあるが、こうした、一般の人の目に触れる機会は少ないような「症状」も、すべてひっくるめて「認知症」という名前で呼ばれている。「一度獲得された知的機能が失われてしまうことによって生じる、未知の種々雑多な症状」が、一括して「認知症」と呼ばれているようだ。理解ある対応や、不安を解消するような介助、変わらぬ自分を確認できる繭を作ること、等々の「心理的」なケアだけでは解決しきれないような「症状」が、そこに、いくつか残される、というのも無理はない。
　では、それらの症状にはどう対応すればいいのだろう。
　もし、それに合う薬があり、服用することで少しでも本人の苦痛を和らげられるのなら、服用すべきなのではないだろうかと思う。が、その一方で、これまで、認知症の行動的・心理的な症状が、薬によって悪化する例を見聞きしている立場からは、それを簡単に肯定することもできない。
　中核症状を改善するための薬が、逆に、イライラしたり落ち着きをなくしたり、暴力的になったりという行動的・心理的な症状の原

因になる場合がある。その原因を取り除かずに、出てきた症状をまた別の薬で抑えようとすると、際限のない薬漬けの悪循環の始まりとなる。

　また、そうでない場合でも、認知症に薬で対応すること自体には、別の難しさが伴う。

　一般的な身体の「病い」の場合、そのつらさは、当然ながら本人にとって「つらい」のであって、周囲の人間にとって「つらい」わけではない。薬は、本人のそのつらさを和らげるためにある。薬というのは本来そういう目的で作り出されたものだろう。

　だが、認知症の行動的・心理的な症状は、もちろん本人にとって「つらい」としても、それと同時に、周囲にとっても「つらい」と感じられることが多い。薬により過剰な行動が抑えられることは、本人にとってうれしいと同時に、周囲にとってありがたいという一面を持っている。

　それゆえ、薬の使用が、「本人」のつらさを和らげるという本来の目的から、「周囲」のつらさを和らげる目的へと、いともたやすくスライドして行ってしまう。行動を抑制する方向に働く薬の場合は、すぐに、認知症の人を「落ち着かせる＝おとなしくさせる」道具、単なる「拘束（こうそく）」の手段になってしまいかねない。

　認知症の人には、それに対抗するだけの判断力も選択権もない。困ったことに、はっきりとした悪意によりそうした事態が起こるというよりも、おそらく、デリケートな配慮がなされないために、結果的に、そうなってしまうケースも多いのではないかと推測する。

　薬による「行動的・心理的な症状」の緩和について、積極的に取

り組むということに躊躇してしまうのは、そこに、こうした数々の危険性が想定されるからなのかもしれない。認知症になることを、世の人々があれだけ恐れる理由の一つは、自分が何もわからなくなるということへの不安だけでなく、そうなったときに、もしかしたら、自分の意思に反して勝手に「おとなしく」させられてしまうかもしれないということへの、不安が隠されているのではないかという気がする。

　大きな館に、手厚く収容された大勢の人々が、ぼーっと立ちつくしていたり、亡霊のように移動したりしている様子は、少し古いヨーロッパあたりの施設での映像として見た記憶があるが、おそらく、あれが認知症の人々が薬によりコントロールされている状態のイメージだと考えていいのではないかと思う。そうしたイメージからも、認知症になることへの恐怖感は生じているに違いない。

　もし、きちんとした配慮に基づいて薬の量を調節して処方し、その結果をフィードバックする仕組みがあり、さらにそれを踏まえて処方を加減していくという、きめ細かい投薬の体制が、社会にスタンダードとして整備されたならば、「心理的な」ケアのみではうまく緩和しきれない、いくつかの「行動的・心理的な症状」は、薬によってかなり緩和されるに違いないと思う。そうした「仕組み」がまだ整備されていない間は、たとえ、症状がうまく緩和しきれないにしても、「心理的」なケアのみによって解消しようと努める方が、その認知症の人にとってリスクは少ない、ということになるのかもしれない。

　ところで、薬によって自由を奪われることの危険性のみに、警戒

の目が向けられるのは、片手落ちかもしれないと思う。介護においても、これは、常に自らに問われるべき問題なのだ。
　認知症だからといって、皆、同じような性格であるはずがない。もともと、個性豊かな様々な性格の持ち主だったはずの人々が、一定の介護で、皆「温和な人」になってしまうとしたら、それこそホラーである。認知症と言われる前は、あれだけあった個人的なばらつきがすべてなくなって、皆「おとなしい人」「従順な人」になってしまうようなケアがあったとしたら、そこに、何か自由を奪う〈しかけ〉、あるいは意識されないままの〈支配＝服従関係〉が、ありはしないかと疑ってみる方がよいのではないだろうか。
　かつて、「あの人が、すっかり穏やかになりましたね」と言われるのが、「成果」だと勘違いしていた自分への反省も含めて、そう思う。社会の中では抑(おさ)えてきたかもしれない個性も、もっと発揮できて初めて、「回復」という言葉がふさわしいと思う。
　ケアが、新たな〈きまり〉への服従を強(し)いるものになっていないかどうか、このあたりのことは、認知症の人にとっての「自己決定」とは何かという課題でもあり、日々試行錯誤しているところでもある。
　森田敬子さんはここに来たとき73歳だった。久しぶりに会った高校の同級生が変化に気づいて、ご主人に何度も伝えたが、ご主人はあまり気にも留めず、得意な料理ができなくなった妻の代わりに、スーパーで惣菜を買い、掃除と洗濯は自分が行うということで、月日が過ぎていた。
　ご主人がやっと受診する気になり、医師にデイサービスを勧めら

れて利用されることになったのだが、他の利用者より10歳ほど若く、まだ元気いっぱいの彼女は、「なんで、こんなところに来なくちゃならないの」、「私は一家の主婦なんだから、こんなことをしている暇はないんだよ」と、ずっと、同じ言葉を繰り返していた。他の利用者の「レク」とは別に、「昼食の盛り付けの手伝い」や「花の鉢植え」など、今までの生活に近いことを、いろいろ試みたが拒否された。

　「森田さんは家に居たいんだから、無理に連れてくるというのは、間違っているんじゃないか」という議論も当然なされる。だが、一方、ご主人は奥さんの身の回りのことは気にならないようで、着替えは本人にまかせたままなので、こちらに初めて来たとき、真夏だというのに、厚手のズボンとズボン下、肌着の上に長そでポロシャツ、脇に穴の開いたセーター、それにお気に入りの黄色のパーカーを着ていて、それを脱ぐことをかたくなに拒んだ。汗をびっしょりかいて、あせもも体中にできているのに、絶対脱ぎたくないようだった。

　家にヘルパーが入ることをご主人は好まなかったので、少なくとも、体の清潔を保つことだけは、こちらでやるしかない状況だった。当然、入浴はひと騒ぎだ。朝、迎えの車の中で好きな歌を一緒に歌ってテンションを上げ、到着したらそのまま浴室へ直行し、いい気分のまま入っていただく。

　それでも、衣類を脱がせるのは至難の業だった。スタッフの笹木が、「寒くないですよ。ちゃんと、これで隠しておきますからね。大丈夫ですよ」と、静かにやさしく声をかけつつ、体の一部を出す

そばからバスタオルで包み、バスローブでその上から抱きかかえるようにくるみ、まるで赤ちゃんの産湯のようにして、入浴に成功した。笹木だけが可能な「やさしさ」作戦だった。

こうして、少しずつ、森田さんはゲームにも参加したり、落ち着かないときには、事務所で笹木の手伝いをしたりしながら、なんとかデイサービスに慣れていったが、その合間にも、「早くうちに帰して」「私は一家の主婦なんだから、こんなところにいられない」の口癖は、日に数十回は繰り返されていた。

落ち着いてきているし、どんなに荒れているときでも、笹木の顔を見れば、穏やかになるのだったが、穏やかになるにつれ、一つ疑問がでてきた。

荒れているときと、笹木のそばで静かに手伝いをしているときの、ギャップの大きさのことだった。笹木との特別な関係でだけ実現している穏やかさというのに、なにか違和感があった。もしかして、この人は「やさしさにしばられている」のではないかと感じた。

そこに、私が入っていって何か指示したりすると、すぐに従おうとするのだが、それは、どうやら、私と笹木の立ち位置を理解していて、ここでは上司である私に従わなければいけないという判断が働いているからのように思われた。この人は、ここでの新たな〈きまり〉の中に入っていて、自由ではないのかもしれないと気づいた。それも一つの社会性だと言えばそうなのだが、「支配－服従関係」は好ましくないと思った。

この人自身の率直な気持ちと行動を、どうしたら引き出すことができるのか、ということが、新たな課題だった。

しばらくして、離れて暮らす息子さんと連絡がとれた。かなり若いころから独立した生活をしているらしかった。
　お母さんのことで一度お話がしたいと伝え、ここにきてもらったときのことだ。息子さんにも昼食を一緒に食べてもらった。久しぶりの親子は、どことなくぎこちなくて、話が進まず、息子さんが、「お母さんは料理がうまくて、クリスマスのローストチキンとケーキも手作りだった」と、懐かしそうに皆に話すのを黙って聞いているだけだった。
　食事も終わり、息子さんが席を立った。
　一般的には、「帰宅願望(きたくがんぼう)」がある人の場合、家族が帰ることを知れば「一緒に帰る」と言うに決まっているので、本人に気づかれないように、そっと帰ってもらうのが、常識だった。
　息子さんが廊下の端の出入り口で靴をはき、歩き始める瞬間、迷いに迷った末、「森田さ〜ん、息子さん帰りますって。おうちに寄ってから帰りますって」と、思い切って、森田さんに大声で呼びかけた。森田さんの「自己決定」というのは、ここでなされるべきだろうと思って、意を決したのだったが、一歩間違えば、収拾のつかない事態にもなりかねない。
　そのとき、森田さんは、まだ昼食のテーブルにいて、ぼーっと、宙を見ていたのだが、私の声を聞くと２、３秒間、うつむいてじっと考え、それから勢いよく立ち上がると、こちらに向かって、タタッと歩き出した。スタッフが「森田さん、眼鏡、眼鏡」と、はずしたままだった眼鏡を手に呼びかけたが、「そんなの、どうでもいい」と言って振り向かず、一直線に出入り口に歩いて来た。

しばると解きはなつ

そして、出入り口に立つと、大声で、「雄太、帰る？　うちに寄って中を見てから帰るの？　私は、もう少し、ここに居るからね」と、息子の背中に呼びかけた。息子さんは、くるりと向きを変え、「うん」と、うれしそうな息子の顔になってお母さんにほほ笑み、こちらに深々と頭を下げた。お母さんと息子さんの、普通の見送りシーンだった。
　私とスタッフたちはというと、目の前で起きた事態が信じられず、あっけにとられて、お互い見合ったまま、立ちつくしていた。森田さんは、何事もなかったかのように、向きを変え、立ちつくしているスタッフの横をすり抜け、元の席に座った。そして、眼鏡をかけ、残りのお茶を飲んだ。
　あれだけ、「帰りたい」「なんでここに居なくちゃならないの」を、繰り返していた森田さんが、なぜ、「私は、もう少しここに居るからね」と言ったのか、いまだによくわからない。彼女が本当に求めていたのは、「帰る」ということではなかったのかもしれない。あるいは、その瞬間、その事態に直面してこちらが本気で向き合い、向こうもそれを感じて、真剣に応(こた)える、ということで生じた結果だったのかもしれない、と思う。
　それからも、森田さんは、あいかわらずレクの合間に、「うちに帰して」「一家の主婦なんだから」と繰り返していた。笹木は、やさしさによる抱(かか)え込みをゆるめて、森田さんの気持ちをフリーにするための方法を、いろいろ試みていた。

共同作戦 と 庭

　認知症を「早すぎた老い」というくくりで捉えようとしたときに、すくい取れずに残される、もう一つは、「さらに早すぎる老い」である、「若年性認知症」と呼ばれる人々のことである。
　発症は40代50代であっても、はっきりと診断されたときに65歳になっていると、もう、「若年性」とは呼ばれないので、これまで、普通に「認知症」と言われてきた人々の中に、現在なら「若年性認知症」と呼ばれるだろう人は、かなりいたと思う。
　早くに検査が行われ、早くに診断が出されるようになり、そう命名される人が増えたのだと思う。
　「認知症」との違いは、その名が示すように、診断された年齢だけなのだが、「老い」という言葉を使うのに抵抗を感じるほど若い人を前にすると、説明の言葉に詰まってしまう。
　まだ若いお母さんの症状をなんとか治して、元のようになってほしいと必死に様々な治療法を探し、お母さんにも叱咤激励して進行を食い止めようと頑張っている娘さんに、「お母さまの状況は老化なので、薬などで無理に元に戻そうとするのではなく、今の自分をご本人が受け入れて、落ち着いて暮らしていけるようにしましょう」などと口では言いながら、その説得力のなさは自分でも痛感していた。目の前にいるのは、「老い」を受け入れる・受け入れない

というような外見の人ではない。「社会的な活躍の場は失っても、別の自分の在(あ)り方を見つけて、穏やかに『老後』を過ごしましょう…」などと言うのは、どうみてもそぐわなかった。

最近の「若年性認知症(じゃくねんせい)」の人たちは、社会の中で自分たちができることを見つけ、それによって社会性を保ちたいという方向に向かっている。社会的な自分を失って家へと撤退するという道は選ばず、あえて、社会の中で自分の居場所を確保しようという方向が、新たに目指され始めている。自覚的に生きようとすることは、必ずしもかつての社会的な自分への執着ということではない。

「社会から撤退しても、もう一つ別の自分はいる」と確認するのではなくて、「社会の中に居ても、もう一つ別の自分を見つけることは可能だ」ということだろう。

高齢者の多いデイサービスでは、なじめないというのも無理はない。デイサービスでは一日中部屋の中でお茶を飲みながら、体を動かしたり、ゲームをやったりしている。介護保険のデイサービスは、「建物の中で行うこと」と、厳密に規定されているので、その制度自体が、「若年性認知症(じゃくねんせい)」には合わない仕組みなのかもしれない。そうならば、そこにとらわれずに、別のやり方で、外に「場所」を作ることを模索するしかないだろう。

そう考えていたら、すっかり忘れていた20年ほど前の記憶が、突如よみがえってきた。

ルクセンブルクというヨーロッパの小国のウィルツ村で、「コオペレーション」という活動にたまたま参加する機会があったときのことだ。

それは、元ビール工場があった広大な跡地に、その起伏に富んだ地形を利用して、「庭」を作るというプロジェクトだった。すでに、大きな池を囲んで、色とりどりの花を咲かせた木々が風にそよぐ小道が何本かできていて、その所々に、世界中から参加した、アーティストたちが作っていった、自然素材の作品が置いてあった。
　これは、心身障害者たちと、失業者たちと、近くの精神病院の入院患者たちと、世界各地から招かれたアーティストたちが作る「ジャルダン・ド・ウィルツ」という名の「庭」で、ウィーン生まれのドイツの大学教授と、数人の有償(ゆうしょう)ボランティアが運営している実験的な取り組みだった。「共同作戦」＝「コオペレーション」と名付けられていた。
　元ビール工場の建物には、事務所と食堂とキッチン、娯楽室、それに、精神病院から毎朝バスで通ってくる患者たちが、アート作品を作っているガレージがあった。昼時には、障害者と調理スタッフが作る、ヘルシーなベジタリアンランチが食堂に用意され、朝、街の街路樹と花壇の手入れの仕事に出かけて行った、失業者たちも合流して、大勢でにぎやかなランチタイムが始まる。世界各地で教授が声をかけて招いたアーティストたちは、近くの元保育園を改造した部屋に無償で泊まることができ、冷たい飲み物以外の昼食は無料で提供されていた。
　アーティストには音楽家やダンサーもいて、時には、庭の中を演奏しながら、行列が通って行ったり、芝生の上で、ダンサーと知的障害のある若い女の子が創作ダンスを踊って、観客に見せていたりした。ルクセンブルクでは、普通はドイツ語かフランス語が使われ

ているが、ルクセンブルク語では「こんにちは」は「モアイヤン」と言うことを知った。

　食堂では様々な国の人と行きかうので、半分ジョークで「モアイヤン」とあいさつしていたのだが、その人々の中に、「フランケンシュタイン」の映画のメイクをしたまま抜け出してきたのかと思ったほど、あの怪人にそっくりな巨大な人がいた。彼は、長い年月、強い薬で自由を奪われ精神病院で監禁状態だったのを、やっと連れ出すことに成功して、週に3回バスに乗せてくるのだという。言葉を話すことはなく、大きな体の上半身の形を変えないまま、無表情に非常にゆっくりとロボットのような動きで移動しているだけだった。

　彼にも同じように「モアイヤン」とあいさつしていたのだが、3週間ほどたった日の昼食時、食堂に入って行くと、彼はゆっくりと席から立ってこちらに向かって移動し、私の前に立ち「モアイヤン」と言って右手を差し出した。食堂に居た40人ほどの目がいっせいに、こちらに向けられた。彼の声を、皆、初めて聞いたのだった。どうやら、「モアイヤン」が、彼にも通じる魔法の言葉だったようだ。ちょっと、こわい気もしたが、そのグローブのような巨大な手を握った。意外に柔らかかった。

　次の日の午後、なだらかな芝生のスロープの上で、日本から船便でやっと到着した竹を使って、大きな球形のアート作品を作る手伝いをしていたとき、彼の巨大な体が、ゆっくりと芝生の斜面を登ってくるのが見えた。まっすぐこちらに向かってくる。私の隣に立つと、「モアイヤン」と言って、手を伸ばし、私のまねをして球形の

作品の一部を握った。別のところを指さすと、握る場所を変えた。そうやって、小一時間、無言で「手伝って」いた。

その光景を見つけて、ボランティア職員が斜面を登ってきた。「彼が手伝ってくれたの」と言うと、「そうなのか。午前中は、音楽隊の列の一番後ろから、太鼓をたたきながら、森の中を歩いているのを見たよ」と言った。「彼の中で、何かが起きているみたいだ。今までは、移動する以外、まったく動いたこともなかったのに。」

急に思い出したあの活動はどうなっただろうと、先日ネットで検索してみたら、「庭」は20年経った今も同じように作り続けられていた。庭を訪れる人々も増え、イベントも開催したりと、活動は広がっていた。おそらく完成形というものはなく、これからもずっと作り続けられていくのだろうと思う。

タクス・ヘイブンでうるおう国の豊かな財政と、ヨーロッパの伝統である寄付という習慣に支えられて実現している、この夢のようなプロジェクトを、日本でまねすることはとても無理としても、ヒントは得られると思う。

キーワードは「共同作戦」と「庭」。

若い認知症の人たちが運営し、ボランティアの人々、ホームレスの人々や、アーティストたちで、永遠に完成形のない「庭」を作る。

その場所は、例えば、私の住んでいる町だったら、ちょうど高台の空き家対策とその防災管理に市が頭を悩ませているようなので、その一石二鳥の有効利用として提案してみるとか‥‥。

共同作戦と庭

おわりに そして はじまりに

　やがて、認知症と呼ばれている早すぎた老いも、「普通の老いのように」、社会の中で慣習化され、社会的なポジションが与えられる日がくる…、という夢。これは、甘すぎる夢ではないのか、という疑念がチラッと脳裏をかすめる。
　「普通の老いのように」と言っているが、「普通の老い」には、社会的なポジションがあるというのは、確かか？　そう思い込んでいるだけではないのか？　本当に、それは、あるのか？　という疑念である。
　こう考え直したのは、秋山さんが見せてくれた社会性のことを思い出していたときだった。
　秋山さんの家を訪れたとき、秋山さんは、こちらの呼びかけに表情で答え、いつもの仕事を一時中断して、客間で私たちに対応し、帰るときには玄関まで送り、来客が帰ったら再び仕事に戻るという、とても自然な、自己統制がとれた社会人的な態度をとっていた。周りの状況はすべてわかったうえで、自分の仕事をそのまま続けるか、中断するかという意思決定をし、社会的にふさわしいと思える、振る舞い方を選択した。
　藤田さんも、小さな机で自分の日課に集中しているように見えても、周りの状況はすべて耳で把握していて、面白いことには皆と一

緒に笑ったし、机のそばを人が通るとき、にっこりと会釈してくれた。そのタイミング、ほほ笑み方、うなずき方は、昔の近所のおばさんのそれと、まったく変わらないものだった。

　秋山さんや藤田さんが私たちに見せてくれた、「配慮」、「気づかい」、「マナー」。こうしたかなり高度な「社会性」があることがわかって、「認知症の人は、〈社会的まなざし〉を失ってしまうと思っていたが、ある種の社会性はちゃんと保たれていた」という結論を出したのだった。

　だが、いや、それは、もしかしたら、「逆」だったかもしれないという気がしてきた。

　これまで、「社会での振る舞い方を探る」とか、「きまりを取り込む」という側面からばかり〈社会的まなざし〉を考えてきたが、むしろ、「配慮」「気づかい」「マナー」という側面こそが、〈社会的まなざし〉の本来の働き、役割ではなかったのか。

　「まなざしをやりとりすることによって、社会のきまりを取り込む」というのも、もちろん重要な働きだろうが、それだけが主な役割ではなかったに違いない。いまや、社会的な〈きまり〉の探り合いに追われる毎日で、本来のまなざしの使い方は、忘れ去られてしまったということかもしれない。

　「配慮」「気づかい」「マナー」といった、本来の〈社会的まなざし〉のあり方が、最近になって、単に「探り合う」のみという、ある意味「いやしい」使われ方に変質してしまったと言えるのかもしれない。

　認知症の人が失ってしまったのは、この、〈きまり〉を探り合う

という意味での、「今風な」〈社会的まなざし〉であって、「配慮」「気づかい」「マナー」という、「本来の〈社会的まなざし〉は、失わずにちゃんと持っていた」と、結論付けるべきだったのかもしれない。ただ、それを使う場は、いまや、なくなってしまった、それで、今の社会の中に居場所がない、ということになったわけだ。
　変質してしまう以前の、古き良き〈社会的まなざし〉、それは、今の老人たちも、おそらく、皆、持っているのだろう。かつてあった古い社会で成長した人たちは、それを身に着けて大人になった。そのまなざしは、社会的な振る舞い方を探ったり、「きまり」を取り込むという面ももちろんあわせ持っている。
　今の社会の中では、〈まなざし〉の古い側面は生かすことができにくい。相手も同じ〈まなざし〉を持っていないことには、「やりとり」というのは成立しない。藤田さんは、「特別区」の空間の中で、そのかつての〈社会的まなざし〉を発揮できるチャンスを得て、優雅に、にっこりと会釈してくれた。秋山さんは、素晴らしい繭（まゆ）となった家の中で、来客に対して、そのかつての〈社会性〉を発揮することができた。
　〈社会的まなざし〉の二つの側面を、まだ保持しており、普通の速度で老いていこうとしている人たちには、今はまだ、社会の中に居場所がある。だが、その人たちが、いずれ、「探り合う」というまなざしの側面を失っても、それは、「老い」として「社会に受け入れられる」のだという保証はどこにもない。
　確かに、今までの社会では、受け入れられた。だが、今の社会の中では、〈社会的まなざし〉というものが、本来の役割を失って、

「探り合う」働きのみに変質してしまったのだとするなら、いずれ〈社会的まなざし〉のその側面を失う方向へと向かう老人には、もはや、居場所は用意されていないのではないのか…。

　一般的に言って、老化に伴い、「他人のまなざしを参考にしながら行動する」ということは、徐々に少なくなっていくものだろうし、昔は、それが人間として「大成した証(あかし)」でもあって、老人になれば「泰然自若(たいぜんじじゃく)」として、人の言うことに動じたりしなくなるのも当たり前だった。時間的、精神的な余裕があり、周りも、それを老人としての当たり前の変化として、人生の最後の到達点として、むしろ好意的に受け入れてきた。つまり、それは、社会的に公認された老化の姿だった。「老いる」ことは公認されていた。

　それが可能だったのは、社会の中には、まだ、本来の〈社会的まなざし〉があり、「探り合う」という側面はなくなっても、〈社会的まなざし〉のやりとりが十分通用する場所と相手が存在していたからなのだ。

　認知症の人が、「配慮」「気づかい」「マナー」といった、かなり高度な「社会性」を失っていないにもかかわらず、「探り合う」という意味での「今風」の〈社会的なまなざし〉を持つことができないがゆえに、社会の中に居場所を失ってしまうのだとすれば、これは、認知症の人だけでなく、「老いた」人すべてに降りかかる、共通の災難なのかもしれない。

　かつて、社会的な身のこなし、礼儀作法というのは、老人こそが熟達しているものであって、新しいことの理解力や判断力は衰えても、「繰り返し」が重要な意味を持つ、そうした領域は老人が受け

持つものであり、伝承するものとなっていた。

　受け継ぐべきものが姿を消し、「気づかい」のまなざしが「探り合う」まなざしへと変質してしまった社会においては、「老人のポジション」自体もまた、失われてゆくのだと思っていた方が間違いないのかもしれない。

　社会の中に居場所がないのは認知症の人ばかりではなく、遅かれ早かれ、「老人」の居場所そのものがなくなっていく方向に向かっているのかもしれない。

　だからこそ、最近では、ある年齢になっても「老い」を認めず、「アンチエイジング」により、いつまでも若者と同じように、「若いまま」でいることが求められている。そうしなければ、社会の中に居場所は保証されないという日が来るのだ。

　「認知症にならないために」、脳を使う計算問題をやったり、ウォーキングしたり、パズルをやったりするのと同じように、「老いないために」、コラーゲンを注入したり、エクササイズをしたり、サプリメントを飲んだりする。まったく、同じだ。「何か」を恐れ、逃れようとしている。そして、その「恐れ」をあおることによって、商売にしている人たちも大勢いる。

　いずれ、「老い」は「異常性」として排除の対象とされてゆくということなのかもしれない。今のところ、それは、まだ、認知症の人どまりのように見えてはいるが。

　もともと、〈まなざし〉を介してのやりとりによって、〈きまり〉が各人の中に取り込まれ、自己が成立するのだったから、〈社会のきまり〉というのは、人と人が〈まなざし〉をやりとりすることに

よって得られるものなのだということは、昔から変わりはない。ただ、「大きな物語」が失われてしまった現代では、そうやって、〈まなざし〉をやりとりしても、それによって、何か、確実な答えは得られなくなってしまった。

　確実な答えは得られないし、確実な自己も成立しない。それで、常に、〈まなざし〉は他者に向けられ、その動きに合わせるしかない。何か、「確実そうな」動きがあれば、それに同調して一緒に動くのが無難だ。ということになる。「皆が」いいと言うことには、一緒にいいと言っておいた方がよさそうだし、「皆が」よくないと言うことには、一緒になってよくないと言っておけば間違いはない。何がよくて何がわるいのか、そこに明確な基準となるものはないのだが、とりあえず、大勢がいいと言うのなら間違いなさそうだ、ということで判断するしかないのだ。

　そこに、大勢と少し「違う」ものが入ってきた場合、その「違う」ものは、その大勢の中から、はじき出されるということが生じてくる。「ちょっとヘン」なものに対する嗅覚は敏感で、「違う」もの「異質な」ものを排除するということに関しては、あっという間に「同意」が出来上がる。なぜなら、「異質」なものによって、「それとは違う『自分』というもの」を確認できるからなのだ。〈寄る辺ない〉日々の中において、自分が何であるかを確認するのにちょうどよい、「確かな」ものが見つかったというわけだ。誰の目にも、はっきりと「拒否」してもよい根拠を示してくれる相手が現れたのだ。だって、「ヘン」なのだから。

　その声が多くなればなるほど、「排除」してもよいのだという確

信が増してくる。何かしっかりした手ごたえを得られたように感じられる。
　こうして、〈寄る辺ない〉社会は、あっという間に、破壊力を持った「怒涛」のような側面を見せることになる。
　こうして見ると、認知症の問題は、認知症の人にとってだけの問題ではなくなってくる。すべての人の問題なのだ。なぜって、人は皆、老いるのだから。
　認知症の人が、どうやったら社会の中に位置付けられるかではなく、今後「老いた」人がどうやったら社会の中に位置付けられるか、という風に問題を立て直さなければいけなかった、ということになる。

かと言って、それは、昔のような「老人」のイメージを維持すべきだということではない。それは、安定しているかもしれないけれど、一定の形の中に入ることを強いられることでもある。「老人らしく生きねばならない」ということでもある。今さら、古きよき昔に返りたいなどと言っているわけではない。
　では、どうしようか。
　小さな「場所」のネットワークを街のあちこちに作ったり、「庭」を作ったりというのは、認知症の人々のためのアイデアとして考えたものだったが、これをそのまま、生かすことはできないだろうか。
　その小さな「場所」作りプロジェクトに、老人が主体となって取り組むというのは、どうだろう。老人たちが、自分たちの手によるプロジェクトとして、自分たちで始めること。そうすることにより、その役割が、社会の中での、老人たちの新しいポジションともなるはずだ。
　街のあちこちに作る小さな場所は、誰でもいつでも一休みできる場所で、定年退職した人や、何かボランティアをやろうと思っているお年寄りたちが、いつもお茶を飲んだりおしゃべりしながらその計画を話し合う場所でもある。現在、町内会の「お年寄り」を集めて体操したり手芸したりすることはよく見られるが、それとはちょっと趣(おもむき)を変えて、もはや、「お年寄り」は、受け身の存在ではなく、自らが主催者になり、常に2、3人で街の中の、その「場所」に居て、困っている人を手助けするアイデアを出し、計画を立て、実行する役割を受け持つことになる。体操や手芸より、その方がはるかに体にもいいし、生きがいにもなるような気がする。

老人会の役員の人たちは、その「場所」と「場所」のネットワークを作る仕事を担当することになるのかもしれない。街から街へとまたがる、こうした無数の小さな場所のネットワークがあり、ところどころには、若い認知症の人々がプロデュースする「庭」があり、そして、繭（まゆ）の役目を果たす家と、「特別区」がある。
　これは、新しい街づくりのビジョン。街の、そして、社会の再生のビジョンになると言えないだろうか。
　そういえば、昔々から、老人とは、社会の「再生」の役割を担う存在であった、ということを思い出した。かつて、老人は、子供とともに、生殖や労働の流れの外にあって、何度も何度も、昔話を繰り返して語り、何度も何度も、同じ遊びを繰り返す子供とともに、その共同体を再生するものであった。
　いつの間にか、老人と子供は引き離され、昔話も遊びも、老人と子供の手からかすめ取られ、大手企業が一括管理して売りに出す商品に変わってしまった。
　それなら、今度は、街の中に、こつこつと小さなおしゃれな「場所」を作り出し、それらを結ぶ網の目の通路を自在に伝わって、老人と子供が「庭」で再び出会うという、新しい「陣（じん）とり遊び」を自分たちの手に取り戻してはどうだろう。
　再びそう言えば、「庭」というのは、かつて老人と子供の場所であった。「老人は庭の盆栽や草花をいじり、子供は庭という空間そのものを場所として種々の遊戯に打ち興じてきた」[3]と、鎌田東二氏の『翁童論（おうどうろん）』にあった。
　家の中でも外でもない、庭という不思議な「場」。それは、社会

の再生の陣地として、おあつらえ向きの場所と言えるかもしれない。

　これまで認知症の人と出会い、認知症について考えたことを、一つ一つ文章にしていくうちに、いつの間にか、かなり、遠いところまで来てしまったような気もする。自分で書こうと思って書いたとばかり、言い切れないところがある。書いた文章を読んで、そういうことなのか、と自分で再確認して驚くというようなこともあった。認知症というものが持つ力なのかもしれない。
　認知症の人は多くは語らないが、人間の生きるということの不思議について、「普通」の人たちより、はるかに多くの体験をしている。多くの真実を手に入れている。その人たちと出会い、どうやったら、何かを教えてもらえるのか、その方法は、普通の人たちが、自分の頭で考えてみるべきなのだ。
　宝物を手に入れるには、それ相当の「冒険」も必要なのだ。

おわりに そして はじまりに

JARDIN DE WILTZ

[1] 天田城介『〈老い衰えゆくこと〉の社会学』多賀出版, 2010, p.49.
[2] 松本卓也『人はみな妄想する』青土社, 2015, p.196.
[3] 鎌田東二『翁童論』新曜社, 1988, p.30.

著者略歴

上野冨紗子（旧姓小林）
1967　東京外国語大学中国語学科入学。同中退。
1973　中央大学哲学科入学。木田元に師事し現象学を学ぶ。同卒業。
1977　文化学院アート＆クラフトセンターで、「織り」とファイバーアートを学ぶ。
1978　木村祐一主宰のアートユニックで、テレビの子供番組の仕事に係る。
1982　子供の本のイラストレーターとして独立。
1995　自然素材の造形作家、上野正夫と結婚。鴨川の山中に移住する。
1996　創作童話で、第一回ファンタジー大賞（教育総研）優秀賞受賞。
1996　賞金で上海復旦大学に１年間の語学留学。
2002　両親の介護を契機にボランティアのデイサービスをオープン。
2004　介護保険指定デイサービス「デイまちにて」をオープン。介護福祉士。

まちにて冒険隊
　　デイサービス「デイまちにて」のスタッフ。（現在13名）

　　　　　挿画および表紙画　　小林（上野）冨紗子

認知症ガーデン

初版第１刷発行　2016年11月20日

著　者　上野冨紗子＆まちにて冒険隊
発行者　塩浦　暲
発行所　株式会社　新曜社
　　　　101-0051　東京都千代田区神田神保町3-9
　　　　電話（03）3264-4973（代）・FAX（03）3239-2958
　　　　e-mail : info@shin-yo-sha.co.jp
　　　　ＵＲＬ : http://www.shin-yo-sha.co.jp/

印　刷　星野精版印刷
製　本　イマヰ製本所

ⓒ Fusako Ueno, 2016 Printed in Japan
ISBN978-4-7885-1504-8 C1036